蒙古密码

特·官布扎布 著

中国民族摄影艺术出版社

自　序

我总是认为，在一个震惊过世界的民族背后必有一段非同凡响的奋起故事，更有后人必去解读的历史密码。

在曾经的13世纪，让人类和世界大吃一惊的一个民族就是当今蒙古人的祖先。那么，他们来自哪里？他们是如何冲出古时蛮荒？他们走入历史的最初理念是什么？他们经历过怎样的聚散离合？是什么使他们曾经跌入败落的谷底？他们是以怎样的生存形态进入成吉思汗时代？成吉思汗是如何把他们拉上马背，又一同走向复兴和崛起？古代蒙古人和成吉思汗版图认同的密码是什么？是怎样一个必然的历史规律使他们完成了古时中国生存版图完全的无障碍对接？成吉思汗的陵寝究竟在哪里，究竟以怎样的形态存在于大地人间？从蒙古民族匆匆走过的历史行程中，我们能看到怎样的成败得失，能够得到怎样的智慧启迪？……应该说，这是历史对我们的提问，也是我们应该去解读和回答的命题。

我不主张戏说历史，也不喜欢板着面孔说历史，同时又不欣赏对历史的扁平化讲述，而是愿以最大众的方式表达自己对历史及其风云故事的心灵认知！这部作品就是本人对蒙古民族历史行程的激情解读……

2010年3月
于呼和浩特

目录

金色草原　（选自《民族画报》）

卷一 蒙古人来自哪里

我们总爱回头，总爱探究昨日的究竟。

在昨天，在那个并不遥远的13世纪，一个以游牧为生的、不见经传的民族，从一个不为人知的神秘背景下突然出现在人类面前，在不到百年的时间里不仅完成了民族的形成，更是创就了冷兵器时代的霸世奇迹，进而又实现了这个民族与历史进程的对接与融汇。

这个民族，就是蒙古民族，就是一群群向着太阳，向着吉祥迁徙不休的蒙古人。

蒙古人，把奇迹留给了后人的记忆，把身世藏进了历史的深处，促使人们不断地追问：他们是谁？他们来自哪里？

是的，他们究竟是谁？究竟是从哪里来的呢？

岁月深处的祖先

岁月深处是祖先居住的地方。蒙古人的祖先就居住在她迷雾缭绕的一隅。

关于蒙古人的祖先，长久以来流传着一个看似神奇却很荒唐的说法。“一天生的苍色的狼与一白色的鹿相配了。生了一个人，名叫巴塔赤罕。”于是，这个叫巴塔赤罕的人就成了地球上出现的第一个蒙古人，而那苍色的狼和白色的鹿自然也就成了蒙古人的兽祖。随着这一说法绵延不绝地流传和演绎，它不仅成了人们解读蒙古民族族源的信以为真的传说，进而也成了一些缺乏历史知识的族内外人士操弄狼崇拜、狼图腾、狼性文化的兴趣之源。

那么，蒙古人的祖先究竟是谁呢？他们是一对恩爱的狼鹿，还是一些跋涉在历史深处的男女之人？

要回答这一问题，要想得到这一问题的答案，我们不得不走进岁月的深处，不得不走进一部神奇的图书。这是一本被誉为“奇书”、“天书”的图书，是一本蒙古人的祖先留给其后代和世界的，能够解答包括祖先之谜在内的蒙古民族形成、发展之密码的神奇著作。这本著作曾被联合国教科文组织认定为世界经典著作，曾被专家学者评价为“蒙古民族的创世纪”！

这本书，就是《蒙古秘史》！

《蒙古秘史》的神奇，不仅在于她是所有涉蒙话题的内容母体，也在于她独一无二的珍贵性。

《蒙古秘史》开篇即写道："成吉思汗的根祖是苍天降生的孛儿帖赤那和他的妻子豁埃马阑勒。他们渡腾汲思水来到位于斡难河源头的不儿罕山，生有一个儿子叫巴塔赤罕。"迄今为止，这是关于蒙古人及成吉思汗祖先的最原始、最清晰、最权威的一段叙述，也是引发过许多关于蒙古人的兽祖与图腾话题的一段叙述。

据此，有人认为这就是关于蒙古民族起源的传说，于是就有了含情脉脉、恩爱相视的《苍狼白鹿》图；还有人认为，这就是蒙古人以狼为兽祖的记录，于是就有了唯恐莫是的强化论证；也有人认为，这就是蒙古民族崇拜狼图腾的历史印迹，于是就有

苍狼白鹿 |（乌日切夫 选自《民族画报》）

了蒙古人和成吉思汗虔诚地向狼学习，终于成就了惊世奇业的文化推论。很显然，这是对蒙古古代历史的一种误读。而导致这一误读的根源，便是明代文人对《蒙古秘史》开篇之句的错误翻译。不知是什么缘故，明代译者把本为：“成吉思汗的根祖是苍天降生的孛儿帖赤那和他的妻子豁埃马阑勒”的句子译成了：“当初元朝的人祖，是天生一个苍色的狼，与一个惨白色的鹿相配了。”于是，使络绎不绝的后人在以讹传讹的路径上兴致勃勃地忙碌了几百年之久，险些把一匹神秘威猛的狼和一只温顺的鹿强加给天下的蒙古人。

孛儿帖赤那

关于苍天降生的孛儿帖赤那和他的妻子豁埃马阑勒，史学界经过百余年的研究已经给出了明确无误的解答。那就是：孛儿帖赤那和他的妻子豁埃马阑勒系成吉思汗二十二代远祖，是蒙古乞颜部落的头人。他们以动物之称取名，约生活在公元8世纪中叶。其对应的译文词意便是苍色的狼和白色的鹿。

对于孛儿帖赤那和豁埃马阑勒的种种误读，《蒙古秘史》研究世家传人，著名的《秘史》学专家阿尔达扎布先生颇为不耐烦地写道：“蒙古人向来就有以动物命名的习惯。《秘史》原文中明显地写有“孛儿帖赤那”的“格儿该”(妻)为“豁埃·马阑勒”，“豁埃”又是妇女的美称，说明两者都是人名，无疑。”我虽非专家，也非学者，但极其认同阿先生的话意。但愿逝去的先祖不再被误读困扰，但愿他们在岁月深处的长梦永远平静、安祥。

我曾经说过这样一句话：“对祖先的猜想是每一个民族无法割舍的寻根情结。蒙古民族也不例外。”事实的确也是这样。有一天，当我正为现代汉语版《蒙古秘史》北京签售会准备吉祥哈达时，有位年轻人来到了我的办公室。他说自己是唱歌的，刚从兴安盟乌兰浩特演出回来。这位与我不曾相识的年轻人，从一个信封中小心翼翼地拿出两张照片

豁埃马阑勒

苍狼白鹿Ⅱ（乌日切夫 选自《民族画报》）

后递给了我，并说："你译的现代汉语版《蒙古秘史》我读过了。这是我从乌兰浩特成吉思汗庙里拍下的，也许对你有用。"我接过照片一看，一张是成吉思汗远祖孛儿帖赤那的画像，另一张就是他的妻子豁埃马阑勒的画像。年轻人没再说什么，留给我两张照片和他那憨厚的微笑及没有说完的话，卷起青春的朝气回头走了。我的眼睛停留在照片上面久久不能移开，似乎看见了岁月深处那炽烈的太阳和银白的月亮，以及在旷野密林中艰辛跋涉的老少祖先……

是的，这就是猜想的结果，就是孛儿帖赤那和豁埃马阑勒在蒙古民族心目中的形象记忆。现在，我把它奉献给本书的读者以及所有关注蒙古族历史与文化的人们。愿它能够荡去长久以来人们对他们的种种误读和猜疑！

秘境寻踪

熟悉江河的人总爱把历史比做一条长长的河，而眷恋草原的我却喜欢把它当做绵延弯曲的漫漫长路。放眼望去，它那伸向岁月深处的一端总是隐没在雾霭之中，不禁使人浮想联翩，思绪满怀……

蒙古人的历史就是这样，越往岁月的深处，越是雾霭浓浓。这不是岁月的过错，是记录缺失的无奈。

随着蒙古民族早期祖先孛儿帖赤那和豁埃马阑勒身份、地位的明确，也随着他们在蒙古民族心目中的形象特征的显现，我们不得不触及更为复杂的一个话题。那就是：他们来自哪里？他们的祖先又是谁？一句话，他们是从哪里起源的？

是的，孛儿帖赤那他们那先于史乘的祖先们究竟是从哪里来的呢？这个问题有趣而又复杂，使史学家们执着探寻不已。面对岁月茫茫的远古，面对印迹全无的空旷，惯以文献说话的学者们终于不惜代价地提出了关于蒙古民族族源的种种推断。

一些学者认为，蒙古人是古代匈奴人的后裔。也就是说孛儿帖赤那和豁埃马阑勒他们是由古代匈奴演化而来的蒙古人祖。其理由有二：一是“古匈奴语言上通例，与今蒙古语言之通则不相违背”；二是“匈奴与蒙古住地相同”。故认为：匈奴是蒙古人古时族名。也许，这一说法线条简捷，易于流传，蒙古诗人们也曾津津乐道地写过“自那匈奴古时祖先居住的地方，是我众民百姓安居乐业的故乡”的美丽诗句。

另一些学者认为，蒙古人源自突厥。中国南宋时期一个叫赵珙的人写有一部《蒙鞑备录》的著作，其中他写下了“被称为鞑靼的‘蒙古’出于沙陀别种，故于历代无闻焉。其种有三：曰黑、曰白、曰生”的文字。因“沙陀”系突厥，所以就有了“蒙古之先出于突厥”的说法。更为蹊跷的是，突厥传说中有人狼交配的记载，而《元朝秘史》中又有误译而出的“狼鹿相配生人”的记录，因而使这一说法拥有了天然合一的印证。

还有一些学者认为，蒙古与吐蕃同源。也就是说，诚信佛祖的蒙古人原本就是与印度、西藏的天国信民同源一家。有一本很为著名的著作，学者们认为约成书于明朝末年，书名叫《蒙古黄金史纲》。不知作者为谁的这本著作记有这样一段有趣的文字：“吐蕃国王有三个儿子，长子叫博罗出，次子叫锡巴罟持，幼子叫孛儿帖赤那。由于内部失和，孛儿帖赤那北渡腾吉思海，至浙忒的地方，娶了一个叫作豁埃马阑勒的处女为妻，在浙忒地方定居下来，是为蒙古部落。”这是一个多么奇妙的族源链条啊！有了这样的链条，曾为萨满信徒的蒙古人信奉起佛教来不就回归本真了吗？！

突厥石人（和平 选自《民族画报》）

又有一些学者认为，蒙古源于东胡。学者们坦言，东胡是中国古代的北方少数民族之一，约在公元前3世纪与大名鼎鼎的匈奴同时兴起于北方大地，后被匈奴击破，部众逃散，其中主要的两支分别逃到了乌桓山和鲜卑山，从此后便以乌桓、鲜卑的族称出现在史册。与此同时，这个叫东胡的败者之族的旧称便从史书上消失了。随着时间的推移，这个败逃到鲜卑山的，已被称为鲜卑族的后人中分化出了一个叫室韦的群落，而在这个叫室韦的群落中恰好有一个叫“蒙兀”的人群。细心的学者们从《旧唐书》的《室韦传》中发现这个记录后，进行了认真的比对研究，终于提出了蒙古源自东胡的论断。

与此同时，也有一些学者提出了“蒙汉同源”说、蒙古与“东胡、突厥、吐蕃混合”说和“白狄起源”说。提出这些观点的学者们都各有使自己深信不已的理由，也各有其让他人频频点头的说道。很是壮观啊，具有蒙古祖先嫌疑的一群群远古男女从多个方向向我们走来。真不知，我们该以怎样的心情迎接他们，也不知该以什么样的目光与他们对视。

我一向认为，学者们那深邃的目光能够望穿悠悠的岁月，能够辨明远古旷野上的风吹草动，能够使我们的羡慕免遭劫难。也许，我错了。也许蒙古人祖的演化过程就是这样复杂，复杂得让人永远看不清真正的源头。

游牧（炳烯岩画）

祖先（炳烯岩画）

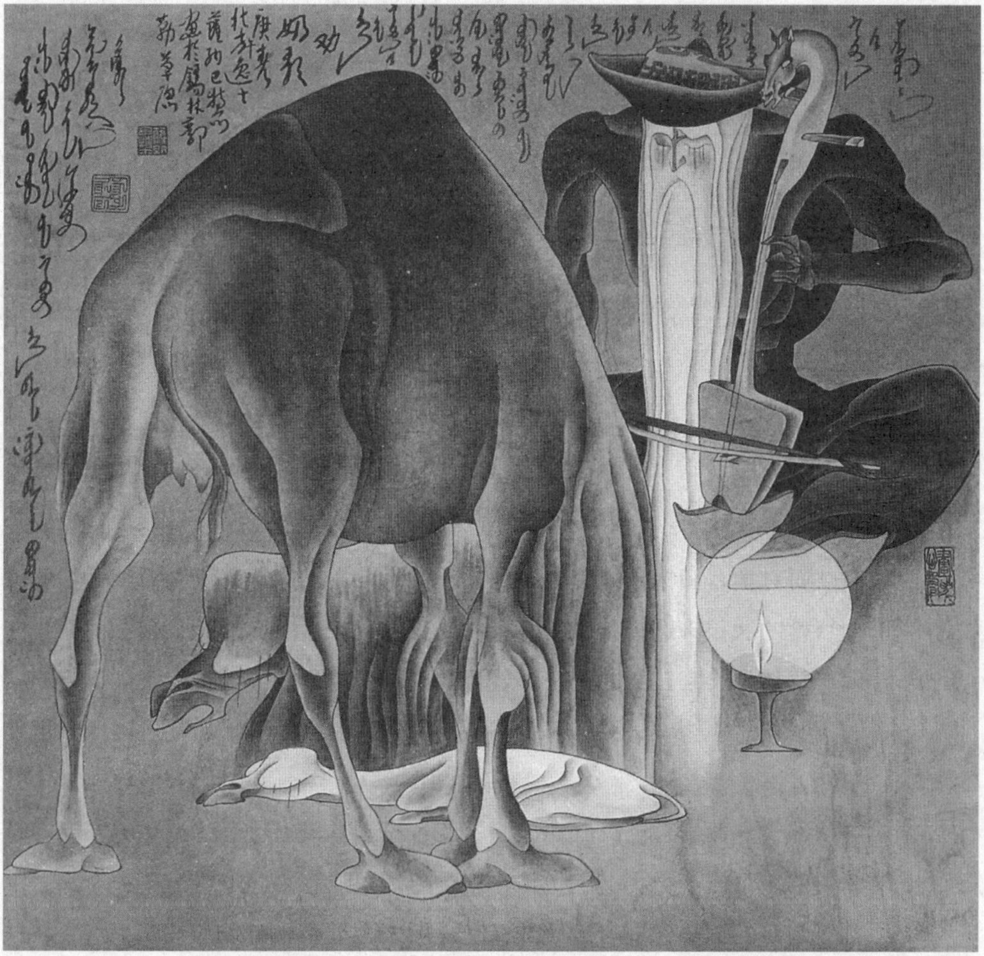

劝奶歌

祖地记忆

面对学者们提出的莫衷一是的，关于蒙古人族源的种种说法，作为大众百姓的我很难选择其中的一个作为我们这蒙古血脉的源头。如同寻找江河源头的探险家，又如同充满好奇的天真少年，为弄清这个常被提起的话题，我花了不少钱，买了不少书，而翻阅后的结果却让我越发失落，越发迷茫。

那么，关于自己民族的族源，蒙古民族有没有自己的记忆呢？回答是肯定的。这是一个古老的记忆，这个记忆跟随蒙古民族走过了一个又一个红日当空的白昼和白月朦胧的夜晚。后来，被中古时期的波斯史学家拉施特记入了他的通史之作《史集》之中。这段古老的记忆是这样的："大约距今三千年左右，北方草原上的各部落之间，发生了一场震天动地的鏖战，一连打了七七四十九天。结果被称为蒙古的部落被另一些叫突厥的部落打败了。叫突厥的那个部落对被称为蒙古的部落进行了大屠杀，最后只剩下了两男两女。一天夜里，这两男两女借着月光，逃进了一座深山。这座山悬崖峭壁，高耸入云；山上林木茂密，连吃饱的大蛇也难通过。

"这两对逃难的青年男女四处攀寻，终于越过了天险，找到了草地和清泉。于是他们就在这里住了下来，并给这座山起名为'额尔古涅昆'。

后来，这四个年轻人结成了两对夫妻，建起了两个帐篷，猎取野猪、麋鹿，驯养野马、山羊。几年后，他们就有了成群的马儿和羊儿，积蓄了许多财富，还生养了几个儿女。

“这两户人家，一户叫涅古思，另一户叫乞颜。过了若干年，涅古思和乞颜两家的人户越来越多，这额尔古涅昆山已经不能容纳这么多的人了。于是，他们打算离开这里，向外发展。但是，他们祖先上山的路已经被草木阻塞了，而且那么多的马、牛、羊也带不过去。怎么能翻过这座险峻的山岭呢？他们试用了各种办法，最后终于发现了一处铁矿，便决定化铁铸剑出山，返回祖先的故土。

信仰（炳烯岩画）

“两族人在一个老人的率领下，砍倒了一片森林，准备了成堆的木柴，又杀了七十头牛马，剥下他们的皮，做成了七十个皮囊式的风箱。然后，他们一起动手，用这七十个风箱鼓风助火，使那里的铁矿全部熔化。他们从那里得到了无数的铁，铸成剑后，开辟了一条通道。

“于是，乞颜氏和涅古思氏离开了那个狭窄的土地，回到了他们祖先生活过的地方。捕鱼儿海、阔连湖畔的辽阔草原上遍布了他们的人。”

这段神奇的传说就是深深地珍藏在蒙古民族心目中的起源传说。它经久流传，不被忘记。在我很小的时候，我那不识字也不善言语的爷爷就给我讲过这一传说。基本要素大致相同，只不过有些细节被夸大或增减了。我想，传说的流传也就这样，随着讲述者的能动介入都会有一些细微的变化。但要件是不会变的，只要不去故意篡改，比如本传说中的涅古思、乞颜、额尔古涅昆、牛皮鼓风箱、熔山炼铁、捕鱼儿海、阔连湖等从未被其他名称替代过。也许，这就是后人对先人的纪念，也许，民间传说的珍贵就在于此。

战争（炳烯岩画）

狩猎（炳烯岩画）

在这些保持了原生态本质的信息中，那个叫乞颜的姓氏就是成吉思汗那个家族的姓氏，那个叫捕鱼儿、阔连湖的湖泊就是当今内蒙古呼伦贝尔市辖的贝尔湖和呼伦湖，而那个叫捕鱼儿海、阔连湖畔的草原也正是如今闻名遐迩的旅游胜地——呼伦贝尔大草原。

巧合是偶然的，但有时它就是命中注定的。当我正搜集、翻阅与蒙古族起源有关的图书资料时，《内蒙古日报》蒙文版发表了一则惊人的消息。那是2006年5月的报纸，消息披露了中国社会科学院考古研究所一项重大的考古发现。消息称：1998年夏末，考古人员在海拉尔河流域的谢尔塔拉草原上发掘了十座古代蒙古人的墓葬。墓葬中出土的不仅有大木弓、铁镞、桦树马鞍、玻璃球等百余件文物，还有保存较为完好的10具尸骨。经人种学家鉴定，这些古墓中的尸骨的人种属于北亚蒙古人种，又经碳14测年，其时代为公元9世纪左右，再结合考古学和有关历史文献记载，确定墓主人为室韦人。消息进一步推论说：据文献记载，室韦人是蒙古族的祖先。公元9世纪初，室韦人中的一支从额尔古纳地区森林中出来，并且来到森林西部平坦的草原地区，这些人被称为“原蒙古人”。

草原苍狼

这是一条字字千金的消息呀！它证实了《旧唐书》对室韦的记载，又吻合了《蒙古秘史》中孛儿帖赤那渡腾汲思水西迁的记述，更印证了蒙古民族对自己族源记忆的真实性和可靠性。而且，它也为蒙古源自东胡的论断提供了如山铁证。就此，我可以收起案头上的资料了，也不再去四处打探我们这一民族的起源之说了。也就此，我们可以为这个名叫蒙古的，朴实、坦诚、不善言辞而内心丰富，豪放、果敢、珍视情义而性格倔强的，被他人称作强悍、善战的民族描绘出一条她发源、繁衍、发展、壮大的路线图了。

那就是：在远古年代，蒙古人作为东胡这一狩猎游牧群落的后裔，长期繁衍生息在呼伦贝尔草原的山林与大地，并在这里孕育了民族的雏型。然后，随着人口的增加和时局的变迁，约从公元8世纪中叶逐步向西漫延而去。再经过孛儿帖赤那所属的乞颜部落和其他诸部落几百年的发展壮大，最后在成吉思汗时代完成了这个民族的崛起和最终的形成。

金沙湾 （选自《民族画报》）

卷二 成长的足迹

人类的历史绵延流长，不断发展，其最大的收获就是文明。

文明是初春的太阳，它融化野蛮的冰雪，使民族万众向着它竞相成长；文明更是生存发展的终极广场，它充满着共荣的希望，使人类万民从四面八方走向它的怀抱。

每个民族的身后都有一条曲折坎坷的来路，那是他们向着文明成长的记录。这是一条没有路的路，是一条冲破蛮荒的生命指向。民族的祖先们一代接一代用生命和智慧开启了一个又一个文明的天窗，保佑各自的民族在这蓝色的星球上茁壮地成长起来。

蒙古人的祖先也一样，在冲破蛮荒的征途中，他们为后人留下了一个又一个值得回味的传奇故事。

铿锵起步

我们多么希望能够一眼望穿历史，能够一语道破世界民族盛衰成败的玄机奥秘，以便为各自国家民族的崛起和昌盛不衰找到一条便捷正确的路径。应该说，这就是我们对历史研究的功利考量，也是历史研究备受关注的原因所在。

一个民族的发展与壮大，无疑是各种因素相互作用的结果。但是，在那些发挥推力作用的因素中，有些因素是软性的、次要的、辅助性的，而有些因素则像那执掌枯荣的季节气候，带有绝对的根本性和关键性。通过探寻蒙古人的古时足迹，我们已经知道，他们是在呼伦贝尔草原的山林大地间孕育了民族的雏型后，逐步向西部草原蔓延开去的。时间约为公元8世纪中叶。也就是约从这个时段起，一个被称作蒙古的男女人群进入了史乘，继而又有了一个叫孛儿帖赤那的部落头领率领他的部群迁徙到斡难河源头的不儿罕山一带繁衍生息的《蒙古秘史》记载。迁徙到不儿罕山一带后，头人孛儿帖赤那的部群和后人在经历了一段时间的蹒跚繁衍后，突然得到了快速、迅猛的发展壮大，不久便一跃而成威震草原的强大部族，为成吉思汗成就惊世霸业奠定了坚实的基础。那么，在这个部族的发展史上究竟发生过什么，它如何使这个发端不久的部族得到了快速、迅猛的发展？

在蛮荒年代的历史框架下，观察一个民族发展壮大的过程，首先关注

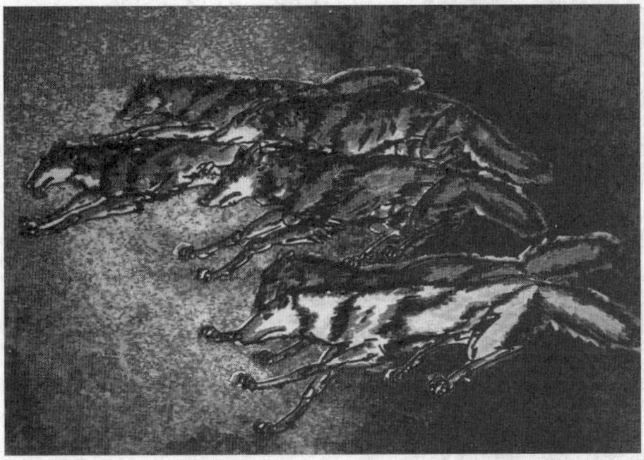
烽火苍狼（乌日切夫 选自《民族画报》）

的应该是这个民族与大地自然的相互关系和这一关系的变化情况。也就是说，要观察这个民族繁衍发展的生存形式。

从中国海拉尔河流域谢尔塔拉草原古墓中发现的“原蒙古人”是我们迄今已知的最早的蒙古人了。他们也许就是率部西迁的头人孛儿帖赤那的故地祖先或族亲兄弟。从已公布的出土文物看，居住在这里的“原蒙古人”应该是尚未进入游牧生活的狩猎人群。而率部西迁到不儿罕山一带的孛儿帖赤那和他的后人们似乎也延续了较长时段的狩猎生活。记述他们创世纪遗迹的《蒙古秘史》也为我们留下了这方面的鲜活信息。

《蒙古秘史》在记述孛儿帖赤那九代子孙孛儿只吉歹篾儿干时写道：“合儿出的儿子叫孛儿只吉歹篾儿干，其妻是名为忙豁勒真豁阿的女子。他们的儿子叫脱罗豁勒真伯颜，娶孛罗黑臣豁阿为妻，拥有名为孛罗勒歹速牙勒必的家奴和叫答驿儿、孛骡的两匹马。”这是一段有关我那古代祖先家庭财产状况的记录。被称为伯颜(富足人家之意)的脱罗豁勒真因有一个家奴和两匹马而成了史书记录的富足之人。在那时，这位被视作富足之人的人，如果有成群的牛马、遍地的羊群，那么，作为记述祖先功业的《蒙古秘史》绝不会视而不见，避而不谈的。由此可见，他们仍在延续着祖先传下的狩猎生活方式，而他所拥有的两匹马只不过是用来狩猎的先进工具罢了！

蒙古先祖孛儿帖赤那的后人们似乎仍在坚守狩猎为生的神奇生活。《蒙古秘史》在记述孛儿帖赤那十一代子孙朵奔篾儿干生活情况时写道：“有一天，朵奔篾儿干在脱豁察黑温都儿山上打猎时，遇见了一个正在树林里烧烤猎物内脏的兀良哈歹人，便说：‘把肉给我吧！’兀良哈歹人听罢，取下鹿头、皮子和肺，其余全部给了朵奔篾儿干。朵奔篾儿干驮着鹿肉赶路时，又遇见了一个领着孩子的穷人。朵奔篾儿干问：

寻马（阿斯巴根 选自《民族画报》）

‘你是什么人？’

“‘我是马阿里黑伯牙兀歹人，现在极为饥饿。请把鹿肉给我吧，我把这孩子送给你！’

“朵奔篾儿干依照那人的请求，把鹿肉的一条后腿分给了他，之后领着那人的孩子回到了家，把他当做了自家的佣人。”

多么侠义、凄凉的生活情景啊！我那生活在中世纪岁月里的祖先们，如有其他的果腹之物，如不是只靠捕猎来生存，怎会发生俯首乞求他人猎物的无奈，怎会发生用自己心爱的孩子换取一条鹿肉后腿的悲哀呢？

蒙古先世们的生活就这样艰辛地继续着。而就在这个时候，一个使蒙古这一古老血脉得以迅速发展壮大的内在变化悄然发生了。这个变化是从一个叫阿阑豁阿的女子的生活经历中显现出来的。阿阑豁阿是蒙古先世慧眼识认的神奇女子，是蒙古后人崇敬有加的伟大圣母。《蒙古秘史》在记述孛儿帖赤那十一代子孙都蛙锁豁儿和他弟弟朵奔篾儿干时写道：“都蛙锁豁儿的额头上有一只独眼，能看清三程远的地方。一天，都蛙锁豁儿和弟弟朵奔篾儿干登上不儿罕山。都蛙锁豁儿从山上看见向统格黎溪走来的一群百姓，便说：‘在那迁徙而来的人群中，有一女子坐在黑色车子的前头，她是个不错的女孩。如未出嫁，将她娶给朵奔篾儿干弟弟为妻吧！’”

不知古人说话为何会有这样的自信，陌生女子阿阑豁阿果真成了朵奔篾儿干的结发妻子，并生养了不古讷台、别勒古讷台两个儿子。《蒙古秘史》接着写道：“生活如此地继续着。后来，朵奔篾儿干去世了。朵奔篾儿干去世后，他的寡妇妻子阿阑豁阿又生下了叫不忽合塔吉、不合秃撒勒只、孛端察儿蒙合黑的三个儿子。

“于是，朵奔篾儿干所生的别勒古讷台、不古讷台两个儿子感到大惑不解，便背着母亲议论道：‘咱的母亲，在既无丈夫又无房亲兄弟的情况下生了三个儿子。家里只有来自马阿里黑伯牙兀歹的佣人，这三个孩子是他的儿子吧？’不久，阿阑豁阿觉察出了孩子们的这般议论。”

遭到孩子们的非议对于一个母亲来说该是何等巨大的不幸呵！阿阑豁阿怎能不伤心，怎能不痛苦？！于是，这位大智大慧的母亲要向孩子们说明其中的一切。经过缜密筹划，有一天，她终于端出了让孩子们，也让所有关注蒙古历史的人们都应为之一震的美味。

对此，《蒙古秘史》写道：“春季的一天，阿阑豁阿煮熟风干羊肉，让五个孩子吃饱了肚子。”

风干羊肉，这个让日光晒干的，让野风吹干的，如今已为不值一提的平常之物，在岁月深处的那个年代出现时，它就有着绝对的珍贵性和划时代的意义了。它的出现充分标明了蒙古人的生活正在发生深刻的变化，标明了一向通过捕杀桀骜不驯的猎物来获取大地滋养的蒙古人就要用驯养了的牲畜向大地索取需要的滋养了。啊，这是一个何等重要的转型啊！我一向认为生命维持与繁衍的惟一依靠就是大地自然的滋养。狩猎是我们人类最古老的生存方式，也是获取大地自然之滋养的古老手段。然而，猎物毕竟属于桀骜不驯的山野生灵，所以人们能够猎获的猎物数量总会有限，进而它所能养活的生命总量也总是有限的。与之相比，游牧生活则是用一群群头数众多的牲畜来收集大地自然的滋养。之后，根据需要，随时提取和食用。这样，获取滋养的效率高、数量大，能够承载的生命总量自然也就更大了。农耕生活获取滋养的方式更为便

花斑马 （阿斯巴根 选自《民族画报》）

捷，它直接利用大地自然的身体培育和收割生命所需的各种滋养。它所能获取滋养的效率更高，能够承载的生命总量自然也就更大更多。在古代原始的生产条件下，这就是使民族人群发展壮大的最大原因。所以，对当时的蒙古部族来说，这是一个重大的变化，是关于生存发展形式的一大调整。这种调整，如果符合一个民族生存发展的内在要求，它就为这个民族带来青春的活力，就会使这个民族迅速储备巨大的冲击力和暴发力！

事情果真如此。就从这个时候起，艰辛生存的古代蒙古人一跃跨入了姓氏繁衍的活跃期。据《蒙古秘史》记载，从此时起仅从孛儿帖赤那十二代到十八代子孙中就衍生出了二十八个之多的各种姓氏。

在古代，一群群艰辛生存的蒙古人就这样向着未来铿锵起步了。这是他们调整自己与大地自然的关系的结果。随着生活的游牧化，蒙古先世们所占用的草原更加辽阔了。这需要他们分散去占有，分散去管理。也由于游牧生活逐水草而行的特点，迫使他们用新的管理模式掌控族人和草原。于是，新的生产力集体——姓氏就应运而生了。姓氏的大量出现和繁衍，不仅体现了游牧生活给古代蒙古人带来的快速变化，也预示着新旧权力模式的完结与交替。果然，在那些繁衍而出的众多姓氏中，孛儿帖赤那十二代子孙孛端察儿所开创的孛儿只斤氏后来就成了古代蒙古新的权力中心，成了统领蒙古民族几百年之久的黄金家族。成吉思汗就出自这个姓氏！

畅通东西文化

精 神 制 造

真是感谢至高伟大的长生天，感谢我那勇于开拓的无畏祖先。在那历史深处的岁月里，在那世界各民族竞相调整自己与大地自然的关系的时候，我的祖先如果沉湎于狩猎生活的神奇，如果没有拉近自己与大地自然的关系，那么如今的我还不知在哪片山林中贪婪地寻觅着猎物的踪迹。

好在一切按着应该的方向发展了，使得我从容自豪地发表着历史的感慨！

人与大地自然的关系就是这样默契、神圣。蹒跚跋涉的古代蒙古人就这样通过调整自己的生存方式，通过拉近与大地自然的关系，很快跨入了迅速壮大的历史岁月。随着族群人丁的迅速壮大，一个创世纪的精神制造活动也随即开始了。回望历史，我们可以觉察到，一个民族的精神制造活动往往是以某一宗教的发端与兴盛来完成的。而古代蒙古人的精神制造活动则是在破解生存难题的过程中完成的。因而，所制造出的精神更具直接的感召力、亲和力和凝聚力，也更容易成为这个民族奋发进取的不竭动力！

那么，诞生于蒙古民族开始勃兴的历史时期，又为这个民族的发展壮大带来巨大效应的究竟是一些怎样的精神理念呢？

天生理念

天生理念是古代蒙古人对祖先身世的梦幻解读。他们认为自己的祖先是从上天降生到人间的尊贵之星。这一理念的初始源头应该来自原始、古老的萨满教。它的出现早于蒙古人开始勃兴的年代，曾为蛮荒中跋涉的早期蒙古人提供过长久的自豪。这个流传在许多草原民族历史中的传说，被勃兴之初的蒙古人迅速加以提炼，很快成为了这个民族打造尊严、自我认知的专有理念。

应该说，人类的诞生是我们这个星球生命进程的一大奇迹。对于他的起源，每个民族都以自己的方式进行过诠释。蒙古民族也不例外，也为这一话题留下了自己的见解。被称为蒙古民族创世纪记录的《蒙古秘史》这样写道："成吉思汗的根祖是苍天降生的孛儿帖赤那和他的妻子豁埃马阑勒。"这就是蒙古人对天生理念的初始解读。这一解读经过较长时段的沉淀，被勃兴之初的一位神奇人物引入了日常生活，从而使它成为了这个民族打造尊严、自我认知的专有理念。这个人就是孛儿帖赤那十一代子孙朵奔篾儿干之妻阿阑豁阿，就是因丈夫过世后又生了三个儿子而遭到孩儿们非议的那个不幸的母亲。为了消除孩子们的疑惑，阿阑豁阿煮熟风干羊肉，让孩子们吃饱肚子后说道："别勒古讷台、不古讷台两人对我又生三子以及其父为何人一事充满了怀疑和猜测。你们的怀疑有道理。但你们有所不知的是，每到深夜有一发光之人从天窗飞进屋内抚摸我的腹部，其光芒都透入我的腹内。待到天亮时，才同黄狗般地爬将出去。你们怎能乱加猜疑！由此看来，他们必为上天之子，怎可与凡生相比？待将成为万众之主时，人们才会明白的呀！"

阿阑豁阿

多么玄妙的解释呵，它不仅向上应合了苍天降生孛儿帖赤那的天生理念，又成功地将高

蒙古国绘画《那达慕》（选自《民族画报》）

悬在万物之上的苍天请进了蒙古人的日常生活，使之成为打造尊严、振奋精神的心灵伙伴。这样，孩子们不仅接受了母亲的解释，后代蒙古人更将它当做了身世高贵的记忆遗传。

一个空洞的说法就这样涅槃了。从此，一个叫苍天的神灵开始入住蒙古人的心灵深处，并与他们并肩走向了成吉思汗时代。到了成吉思汗时代，这一理念更被演绎成了保佑这个民族兴旺发达的至高神灵——长生天！

随着科学对人类起源的深入诠释，人们已经不再相信古代人的任何杜撰。但是，蒙古人曾经崇信的这一理念却好像深深地融进了后代人的记忆深处，无论放牧迁徙、说话行路，还是放歌起舞、欢宴娱乐，使他们总是持有一种莫明的自信、从容、大度和略显高贵的举止神态。

团结理念

团结是一切事业得以发展的人本基础。如果没有这一基础，再好的事业都将成为夭折的对象。历史，已经用他沉重的叹息一次次地见证过这样的事实。

团结是生命与生命的焊接，是意志与力量的聚合。所以，它对于既面对恶劣的自然环境，又面对刀光剑影相互劫掠的古代蒙古人来说，可谓是保全生存的最大需要。在一次次的欢笑与悲伤中，对团结这一神奇之物已有切身感悟的古代蒙古人也念念不忘地对它进行着理念化的努力。这一努力，终于又被那位神奇女子阿阑豁阿推向了极致，成功地将它打造成了凝聚自我、维系发展的重要信条。

阿阑豁阿，就是那位感光生子的神奇女子，那位将至高天尊请进白色毡房的蒙古圣母。据《蒙古秘史》记载，阿阑豁阿讲毕感光生子的原委后，让孩子们并排坐到了一起。然后，她给每人发了一支箭，并令他们折断。孩子们很容易地折断了各自的一支箭。接着，她又把五支箭捆到一起交给孩子们去折断。孩子们费了半天大劲，最终都未能折断那捆在一起的五支箭。于是，阿阑豁阿对孩子们说："你们五个全是我生的，若不齐心，会像单支箭那样容易被人折断，如能协力，就会像捆好的五支箭一样不易被人对付！"

摔跤之歌

看吧！一个生活在蛮荒年代的妇道人家，一个不懂得策划为何物的古代女性，竟以这样绝妙的方式诠释了一条永恒不朽的生活真谛。是的，不齐心，不协力，不把生命和力量焊接到一起，在那全然无序的掳掠年代怎能保证族人的平安，怎能应对游牧化过程中行将出现的种种纷争？所以，勃兴之初的蒙古人就这样响亮地提出了团结的理念，为族人的凝聚提供了切身的理由。

应该说，这是古代蒙古人用泪水和血水总结出来的一条重要理念。这一理念，经过阿阑豁阿这位圣母级人物的形象演示，逐渐变成了蒙古民族传统家教的黄金典故。在成吉思汗年少时，他的母亲也曾用这一典故训诉过刚愎有余的少年成吉思汗。

演化是事物发展的必然结果。如今，由这一理念演化而成的团结共存、和睦相处的生存准则，像一条长长的哈达绵延在蒙古民族的心灵深处，成为了他们处世生活的吉祥信条！

秩序理念

一个有志向，有抱负的民族，在他走向历史舞台的时候必须对人类社会固有的、已有的和应有的生存秩序作出自己的回答。而这个回答将决定他在历史舞台上能走多远的问题。

古代蒙古人自然不会懂得这一点，也不会有这样的历史自觉。但蛮荒年代里的离乱迷茫，漫无终日的纷争悲欢，还是让身陷其中的蒙古人对人间秩序有了自己的看法。那么，千余年前的蒙古人会有怎样的看法呢？我们继续讲述那位神奇女子阿阑豁阿和她孩子们的故事。

《蒙古秘史》生动记述阿阑豁阿五箭教子的故事后，接着写道："不久，母亲阿阑豁阿去世了。

"阿阑豁阿过世后，因兄弟五人不合，由别勒古讷台、不古讷台、不忽合塔吉、不合秃撒勒只四人分掉马群等家产后过起了各自的日子。兄弟四人嫌孛端察儿蒙合黑愚拙，不把他当做兄弟看待，没分给他任何家产。

"既被亲人抛弃，何以留在此地！孛端察儿愤然跨上骨瘦如柴的青白马，抱定'死就死，活就活'的决心，顺着斡难河水走了下去。走到名叫巴勒谆岛的地方后，他才搭起草棚子住了下来。此间，孛端察儿见一雏鹰正在捕食黑野鸡，便用青白马的尾毛做成套子，套住雏鹰后把它带回家养了起来。

“衣食无着的孛端察儿常常靠射杀被狼围困在山崖间的猎物或拾拣被狼吃剩的片肉残骨充饥，并且把捉来的雏鹰喂养起来。这般艰难地熬过了冬天，待到春暖花开雁鸭飞回的时候，他纵鹰捕来的猎物已挂满了林间树枝。

“此间，一群百姓从都亦连山后迁到了统格黎溪边。孛端察儿每天将鹰放飞后，走到他们中间讨喝酸马奶，傍晚时才回自己的草棚子。那群百姓曾向孛端察儿讨要过他的鹰，但他没有给。他们互不探问对方的来历，相隔不远地过着各自的日子。

“孛端察儿的哥哥不忽合塔吉因惦念弟弟，顺着斡难河向着弟弟走去的方向出发了。他走到统格黎溪边，向那群百姓打探弟弟的消息。那群百姓说：‘有一人，每天来这里喝酸马奶。他的相貌和马匹与你说的完全相同。他养有一只猎鹰。他究竟住在何处，我们也不知道。每当刮起西北风时，都会飞来满天的羽毛。由此看来，他的住处就在附近。不一会儿他就会过来，请你稍等片刻！’

“不一会儿，果然有一人向统格黎溪边走来。走过去一看果真是孛端察儿，于是，哥哥不忽合塔吉领着弟弟孛端察儿向斡难河上游急奔而去。

蒙古骑兵押送战俘图 （孔群 选自《民族画报》）

围猎场景（魏晋画像砖）（选自《民族画报》）

“孛端察儿跟在哥哥的后面，大声说道：‘兄长，兄长，身必有首，衣必有领啊！’对此，走在前面的不忽合塔吉未予理睬。接着，孛端察儿又重复了一遍，但不忽合塔吉仍未答话。当孛端察儿再次说起时，他哥哥问道：‘这句话，你为什么反复唠叨？’

“孛端察儿回答道：‘统格黎溪边的那些百姓是一群散民。他们不分大小，不分贵贱，也没有头领。如此游民，我们应该去掳获！’

“不忽合塔吉说：‘那好，我们回家与兄弟商议掳取的办法。’

“回家后，兄弟五人商定了掳取的办法，并派孛端察儿打头。

“打头的孛端察儿先抓获一孕妇，问：‘你是什么人？’孕妇答道：‘我是札儿赤兀惕·阿当罕·兀良合歹人。’

“如此，兄弟五人发起攻击，轻易地征服了对方。他们不仅缴获了牲畜，又将那些百姓带回家中奴役了下来。”

真是一个不小的收获呵！曾受阿阑豁阿母亲现身说教的孩子们终于收获了团结的果实。他们不仅俘获了用来奴役的百姓，也为日渐游牧化的生活掠来了成批的牲畜。更为重要的是：为他们自己，也为开化中的族众收获了对生存形态的把握尺度。

事情的确也是这样。一个群体化、社会化的生活怎能不分大小、不分贵贱，更怎能没有头领、没有规矩呢？所以，孛端察儿，这位阿阑豁阿感光所生的孩子，这位被兄弟们视为愚拙的人，在讨喝人家酸马奶的过程中敏锐地发现了这一点，并且形成了自己独到的见解。

“身必有首，衣必有领！”一个具有古代草原认知特点的秩序理念就这样被提出来了。

人之身躯必有头颅，衣之边周必有领子。形象，且也朴素，但却蕴含着强大的双向张力。对内而言，它是一种必须的规则，而对外，它却充满着规范他人行为的霸道之气。果不其然，这一理念一经提出，就变成了兄弟五人第一次的对外征服行动！

从此起，“身必有首，衣必有领”的理念便慢慢变成了古代蒙古人规范自己，也规范他人的秩序尺度，曾为风云多变、沉浮无常中步履蹒跚的这个部族带来过快速的勃兴和几多自豪。同时，也让他付出过太多的代价和过量的元气！

必须看到，我们当今的生存秩序是各种秩序理念长久以来碰撞、融汇、提升的结果。和谐是它潜在的，正在显现中的基本色调，历史将不会舍弃这具有终极意义的思想成果。而在这秩序理念向前演化的过程中，蒙古古代那“身必有首，衣必有领”的秩序理念渐渐失掉了尺度功能，如今已演化成了蒙古民族尊老爱幼、注重礼仪的文化内存！

折箭训子图（超鲁 选自《民族画报》）

孕育黄金家族

我们正在分享着历史发展的成果。这些让我们舒适、快活而使生命充满尊严的进步成果是世界各民族的祖先共同带给我们的。回顾各民族一步步发展进步的历史，我们总能看到一些贡献巨大的英杰人物和发挥过灵魂作用的家族身影。作为个体生命，那些英杰人物们已随历史离我们远去，而那些曾为各自民族的发展进步长久效力的传世家族，至今被文明了的制度以各种形式敬重着。因各民族勃兴发展的时间不同，这些家族孕育形成的年代也各不相同。而蒙古民族的这样一个家族，则是在这个民族勃兴而起的过程中被孕育形成的。

蒙古人称这样的家族为黄金家族。他不是因开掘金矿或买卖黄金而得此称呼，而因长期主导了蒙古民族历史发展的方向而赢得了这样的尊称。开创这一家族历史的第一人就是那位反复唠叨“身必有首，衣必有领”一语的孛端察儿。

孛端察儿是阿阑豁阿感光所生的孩子，是蒙古部族步入勃兴时期的关键人物。《蒙古秘史》记载，兄弟们曾视他为愚拙无能，迫使他弃家流落。而就是这位被视为愚拙无能的人，不仅回头整合了兄弟五人的力量，更是成功导演了《蒙古秘史》记录中的第一次征服行动。这样，孛端察儿在证明了自己的智勇而非愚拙的同时，也赢得了令人尊敬的身份地位。

卢沟运筏图（选自《民族画报》）

《蒙古秘史》接着写道："那位孕妇跟随孛端察儿后生了个儿子。因是札惕百姓之子，故名为札只剌歹，后成札答阑氏祖先。札只剌歹的儿子叫土古兀歹，土古兀歹的儿子叫不里不勒赤鲁，不里不勒赤鲁之子是合剌合答安，合剌合答安的儿子便是札木合。由此，他们成为了札答阑氏。

"那妇人又为孛端察儿生了一个儿子。因其母亲是掳来之人，故给他取名巴阿里歹。巴阿林氏的祖先便是他。巴阿里歹的儿子叫赤都忽勒孛阔，因他娶妻众多，生下儿女如云，故成了篾年巴阿邻的先祖。"

好壮观的创世纪景象呵！古代蒙古游牧化的重要标志——姓氏的分化就这样开始了。一个祖祖辈辈在乞颜部落名号下生息繁衍的孛儿帖赤那的后人们，就这样从他十二代起纷纷走出部落旧称，各自创立起了一个个崭新的姓氏组织。这是一个时代的结束和另一个时代开始的标志。就在这新旧递嬗之际，在原本被称为蒙古的人群中出现了一个叫"主干蒙古"的新群落。这个群落就是出自圣母阿阑豁阿贞洁之身的孩子们和他们所创立的个个姓氏人群。而被后人称为黄金家族的那个人家，就是在这个时候，就是从这个被称为主干蒙古的人群中脱颖而出的。《蒙古秘史》写道："别勒古讷台成了别勒古纳惕氏创世祖先，不古讷台成了不古讷惕氏创世祖先，不忽合塔吉成了合塔斤氏创氏祖先，不合秃撒勒只成了撒勒只兀惕氏创氏祖先，孛端察儿成了孛儿只斤氏创氏祖先。"

一个身世不凡，富有传奇的家族就在这里出现了。那就是，在兄弟五人中孛端察儿所创立的那个孛儿只斤氏！

由于记录的缺失，我们无法细谈孛儿只斤勃发腾达的每一个细节，但从以上已知的情况，我们仍可以看出孛端察儿那大大高于他人的雄才与谋略。在同比竞争中，才能与谋略的这一优势必会创造高于他人的功业是自然的。关于这一点，史学家们也给予了充分的关注，并认为自征服统格黎溪边的那群百姓起，孛端察儿就登上主干蒙古君主的地位，取“成吉思汗”名号，开始主导了蒙古部族历史发展的方向。

关于孛端察儿的“成吉思汗”名号，《蒙古民族通史》说：“孛端察儿所以号成吉思汗，是因为‘成吉思’是乞颜氏贵族的守护神，以此来证明自己是属于乞颜氏贵族的正统，以示自己身份的显赫。”就这样，孛端察儿和他所创立的孛儿只斤家族牢牢握住了主干蒙古的权力缰绳，并开始传向后世。据《蒙古秘史》记述，孛端察儿的传人是合必赤，合必赤的传人是篾年土敦，篾年土敦的传人是合赤曲鲁克，合赤曲鲁克的传人是海都，海都的传人是伯升豁儿多黑申，伯升豁儿多黑申的传人是屯必乃薛禅，屯必乃薛禅的传人就是统治了全体蒙古的合不勒汗。

一个带有天生的光环，持有高贵的身世和长时间地掌握了蒙古部族兴衰大权的庞大家族就如此这般繁衍世袭了。到13世纪的成吉思汗时代，这个家族因支撑了一个民族的形成和崛起而受到了后人的广泛尊重和爱戴。直到许久的后来，这个家族的后人也都分享了来自各个方面的尊敬和仰慕！

蒙古帐车图（蒙古国大使馆提供）

风吹草低见牛羊 （和平 选自《民族画报》）

卷三 初入纷争

一个民族的发展壮大，必会是一段很长的路。这段路上充满着激情、冲动、诱惑和变数。能否充分享受发展的快乐，能否充分延续发展的路径，能否使发展转化成为每一个族民生命质量的养分和整体族民生存权利的保障，关键在于如何把握发展的方向，关键在于如何掌控发展过程中必会出现的冲动、诱惑和变数。这是考验一个民族智慧、胸怀以及文化成熟度的一大课题。

翻开人类的历史，我们不难看到这方面的一个个事例。一些民族，由于未能正确地把握发展的方向，未能正确对待发展中出现的冲动、膨胀和各种变数，曾给自己和他人制造过巨大的灾难。这归咎于方向的主导者，归咎于他们本无历史的自觉！

那么，在10世纪左右已经步入勃兴阶段的蒙古部族和他的权贵们是怎样把握了发展方向，又为后人留下了怎样一个历史的思考呢？

一起中世纪时代的医疗事故

虽然我那视力为1.5的聚光小眼已经昏花，但借助文献史籍我还是能够看到祖先们走向勃兴的匆匆脚步。尽管对习惯了的狩猎生活眷恋难舍，尽管对心爱的弓箭难以放下，但我那勇于进取的祖先们还是纷纷拿起牧羊鞭，纷纷树起姓氏的彩旗，赶着一群群的牛马羊驼走向了水草丰美的四方草原。

应该说，这是一次艰难的转型。转型中无疑包含着观念层面的种种分歧，也无疑包含着形形色色的行为冲撞。因为，据史学家说，狩猎人曾经是较为鄙视游牧人的。《史集》作者拉施特写道："他们视牧羊为一大恶习，以致父母骂女儿时，只消说：'我们把你嫁给一个让你去放羊的人！'她就会悲伤透顶，甚至悲伤得上吊。"这便是一种生活方式对另一种生活方式的不理解。写到此，我突然想起当年我离开农村进城时一位农民伯父说的话。他得知我将要离开农村时极其遗憾地说道："真是糟践了一个好庄稼人呵！"话语间不也流露着对庄户生活的欣赏之情吗！

尽管如此，我那远在千年之遥的祖先们还是成功地进行了转型，从已流露出游牧气息的阿阑豁阿时代算起，到"统治了全体蒙古"的合不勒汗时代，蒙古人至少走过了八代人，一个世纪半之久的游牧生活道路。况且，放牧牲畜的活计，对身为草原住民的蒙古人来说并不会是陌生难为

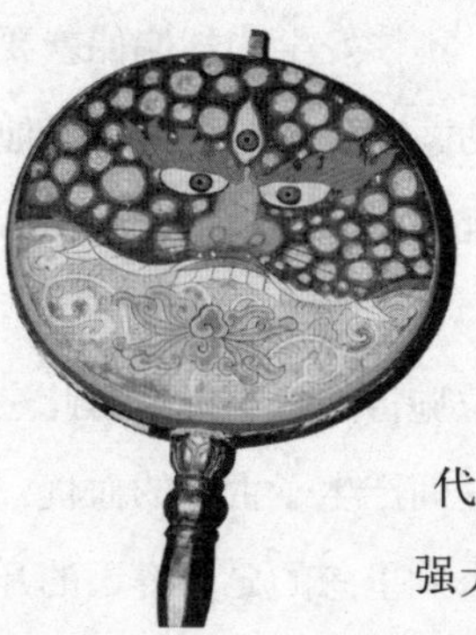

萨满神鼓（额博 选自《民族画报》）

的。因为有匈奴人、鲜卑人、柔然人等草原先民的游牧生活遗存，当蒙古人拿起牧羊鞭时，游牧生活的内容和形式肯定有了长足的进步。这样，它必会带给蒙古部族更多的利益，必会加快他们发展壮大的速度。果不其然，待到12世纪中叶，“统治了全体蒙古”的合不勒汗时代，在辽金两朝更替之际，蒙古部族已经发展成了威震一方的强大部族。据拉施特说：“如果将他们的人数统计一下，将达一百土绵以上。”土绵是万的蒙古语表述，“一百土绵”的汉语等同词便是“一百万”。对这一数目，《蒙古民族通史》认为“有夸大之嫌”。但对这一时期蒙古部族的势力，它却明确地说道：“蒙古部族的势力超过了塔塔儿、客烈亦惕、乃蛮等各强大部族的势力。”

古代萨满施法图（选自《民族画报》）

对于几十亿之群的当今人类而言，一个一百万的人口量并不说明什么。但对于年代蛮荒，人烟稀少的古代草原来说这应该是一个令人生畏的数目。随着游牧生活结构链条的不断延伸，壮大起来的蒙古部族势必需要用更多的牲畜养活不断增多的人口，需要用更大的草原放牧更多肥壮的牲畜。然而，草原虽然广袤无垠，但它毕竟不是无主的野地。当时，在蒙古部族住地的东边是强大的塔塔儿部，西边是威猛的乃蛮部，西南是彪悍的克烈亦惕部。所以，生存空间的进一步拓展必将导致蒙古与其他部族的纷争和冲突。这是相邻各方都应谨慎对待的问题。否则，悲剧随时都有可能开演！

也许一切都是天意，也许一切都是人类智慧的不及所至，不该发生的却偏偏就要发生，应该珍惜的却偏偏被轻易忽略。不幸的是，强壮起来的蒙古部族还是重蹈了他人的覆辙，开始了与塔塔儿部族百年之久的深怨血仇。而怨仇的起因，则是一起不大不小的医疗事故。

不知为什么，《蒙古秘史》没有记录这起医疗事故，而拉施特的《史集》对此进行了详细的描述："由于以下原因，塔塔儿部族和蒙古部族之间产生了古老的血仇：在合不勒汗作蒙古汗的时候，合不勒汗的妻子弘吉剌惕部人合剌里忽的兄弟赛因的斤患了病。为了治疗赛音的斤，请塔塔儿人派来一名叫察儿乞勒讷都亦的萨满。他来施行了一次巫术，赛因的斤却死了。萨满被痛打了一顿，才被打发回了家。后来，赛因的斤的兄弟们又去杀死了这个萨满察儿乞勒。因此，塔塔儿部族同蒙古部族成了仇敌。……他们一再打仗。"

蒙古族的萨满 （额博 选自《民族画报》）

真是怪极了！人病了，自己又未能治愈。请了人家，人家也来了。至于能否治愈都应理智地对待才是。而必须做的则是：给予对方部族间交往的礼遇。可是，"统治了全体蒙古"的合不勒汗和他的部下们却把人家杀死了。这怎能不是强壮后的狂躁和无所顾忌呢？

在古代，萨满教是草原狩猎游牧民族的共同崇拜。作为苍天和人类间的联络者，萨满巫师都备受人们的敬重。作为部族间派遣的萨满，察儿乞勒在塔塔儿部族中肯定享有崇高的地位。所以，曾经是草原霸主的塔塔儿人无论如何也不能容忍来自蒙古部族的这一挑衅。为了维护萨满乃至部族的尊严，塔塔儿人毫不犹豫地向蒙古部族举起了复仇的战刀。这样，一个由部族上层挑起的，并带有整体利益性质

蒙古族的萨满法服（选自《民族画报》）

的冲突就此开始了。拉施特说："双方无论何时一有可乘之机，他们就彼此屠杀和抢劫。这些战争和纠纷长年持续。"的确，这场你来我往，周而复始的仇杀，在蒙古部族和塔塔儿部族之间持续了半个世纪还多。无垠的草原，怒驰的战马，还有那寒光闪闪挥舞不休的战刀，谁能说清它涂炭了多少生灵，蹂躏了多少美丽，击碎了多少个阿爸阿妈对生活的美好祝愿……

回望历史，我们每个人都应是一个硕大的问号。虽然，我们没有能力，也无法改变曾经的一切，但我们还是有必要知道它为什么是这样的本质原则。也许，这才是历史留给我们的最大诱惑！

在昔日的草原上，在千年之遥的那一天，在由一起医疗事故引发的部族间的冲突中，亏理且有过错的显然是蒙古部族。但蒙古部族执意而为的事情背后还是有一定战略意图的。那就是：新兴的，已经很是强壮了的蒙古部族不再畏惧塔塔儿人了，并且开始谋求草原霸主的地位了。那么，蒙古部族几代人的勃兴成果将会迎来怎样一个未来呢？

莽撞的草原来客

水是一个聪明的家伙。自冒出泉眼的那刻起，它就会准确地选择易于流动的方向。而人，远远没有水的聪明。

蒙古，这个从一个险峻狭隘的地方发端而出的部族，经过几代人的努力，借助游牧经济的张力朝着快速发展的方向，走到了“统治了全体蒙古”的合不勒汗时代。正当草原的历史需要蒙古部族的智慧的时候，合不勒汗却把他引向了与塔塔儿人的冲突。两个强大的部族开始兵刃相见了，草原上的力量格局就要发生变化。于是，已经接替契丹人主掌了北中国江山的金朝皇帝对草原上的这一动态迅速做出了反应。

拉施特的《史集》记录了《蒙古秘史》没有记述的这一历史事件：“合不勒汗的事迹很多。在蒙古部族中，他的名声昭著，很受尊敬。合不勒汗是自己部落和属民的君主和首领。

“因为他和他所有的儿子都很勇敢和能干，所以关于他的传说传到了阿勒坛汗(金朝皇帝)的国家和他的异密处。因为在阿勒坛汗的心目中合不勒汗是一个值得尊敬的伟人，所以他想同他接近，想在双方之间开辟出一条团结友好的大道，便派了一些使者去邀请他。当合不勒汗到达那里时，阿勒坛汗很尊敬他，端来了各式各样美味的食物和无数可口的饮料。因为乞台人生性狡猾，不讲信义，常阴险地偷袭强敌，下毒害人是出名的，所

绘刻的历史（选自《民族画报》）

以合不勒汗感到担心，认为他们在食物里暗中下了毒。他借着出外松快松快的名义，不时走到外面，来来回回地走动。因为天气炎热，所以他沉到水里，仿佛是为了解除暑热。他能够在水底下潜伏吃完一头羊那么长的时间。现在，他就按自己的习惯在水下潜伏着，将吃下的东西全部吐出，然后再到阿勒坛汗处，继续吃了许多食物，喝了许多酒。乞台人惊奇地说到：‘最高的主，把他造成了一个多么幸福和结实的人啊，他根本吃不饱，喝不醉，而且老不呕吐。’合不勒汗走到阿勒坛汗面前，拍手而舞，并抓住他的胡子，戏弄他。异密与怯薛丹见他举止粗野，并且高兴得失了分寸，便说到：‘他对我们的君主太无礼了！’随即全向合不勒汗扑过来。合不勒汗见阿勒坛汗高兴地笑了，便走上前去逢迎他说道：‘我举止失态，粗野无礼！我没能克制自己，干出了这些事！听凭阿勒坛汗惩罚我或留我一命！”阿勒坛汗是一个有头脑，能克制自己的君主，他知道合不勒汗有部落和属民，如果为了这么一点小事将他杀死，以后他的长幼宗亲就会出于仇恨而起来为合不勒汗报仇，他们之间的纷争和敌对关系将会长期绵延。因此，他把这一举动当做开玩笑和友好的嬉闹，压下了怒火，宽恕了他。接着，阿勒坛汗命人从国库里取来许多金子、宝石和衣服赐给他，并极其尊敬和彬彬有礼地将他送了回去。”

一个强大部族的首领和当朝皇帝的见面就这样结束了。在那个年代，在蒙古部族称霸草原的欲望开始膨胀的当口，这是一次充满玄机的君臣会面。尽管合不勒汗的举止不无鲁莽和失礼，也尽管由此险些酿成大祸，但阿勒坛汗的大度、宽容和对草原来客性情的理解，总算平安地结束了一朝君主和一方首领的初次会面。这样，历史

凄风惨月

似乎给蒙古部族提供了一个不错的机会。虽然，蒙古部族已经挑起了与塔塔儿部族的冲突，但有了与朝廷的某种默契，他们将为部族的生存获得一个较为宽松的历史空间和区域环境。无论是过去还是现在，一个和谐宽松的社会政治、经济环境，对发展中的民族都是至关重要的。所以，睿智灼见的领袖们都应为自己的国家和民族争取和营造更多有利于发展的历史空间。那么，蒙古部族的时任首领合不勒汗，为他还在发展中的部族营造了这样的空间吗？我们继续解读拉施特的《史集》。

“合不勒汗走后，异密们对阿勒坛汗说道：‘不该忽视他的举动，将他放走。’于是，阿勒坛汗立即派遣使者去追他，让他回来。合不勒汗对使者说：‘我们和他之间的会谈已经结束，我们是在他的允许下离开的！干吗又要我们回去呢？’他不听从使者的话，还说了好些粗话。使者回去了。阿勒坛汗再次派出一批使者来找他。合不勒汗没在家里。他的妻子们对使者们说道：‘他去接儿子、媳妇们去了。”使者们便回去了。他们在路上看到合不勒汗同几个那可儿(伴当)疾驰着。他们认出了他，便将他捉起来带走了。在路上，合不勒汗路过了自己的义兄弟撒勒只兀歹的住处。当撒勒只兀歹知道了是怎么回事时，他说道：

宝德尔的传说

记录（岩画） （选自《民族画报》）

‘毫无疑问，把你叫回去不会有什么好事，他们是要谋害你的！’撒勒只兀歹有一匹跑得很快的白肚马，他将这匹马给了合不勒汗，说道：‘必要的时候你就用鞭子打马，赶着它跑。骑着他，他们是追不上你的！’

“出发时，使者们粗暴地把合不勒汗的双脚塞进到马镫里。有一天，他得了一个好机会，便放开缰绳，赶着马疾驰而去。一直到他的家为止，使者们都没能追上他。使者们紧跟着他奔驰而来。他有一个从豁罗剌思部娶来的儿媳妇叫马迪，有座新制的帐幕。他为使者们搭起这座帐幕，将他们安顿在那里。接着，由于儿子们都不在家，合不勒汗对自己的儿媳和仆役们说道：‘我将你们聘娶过来，供养这么些仆役和家仆，是要你们大家在这种生死关头与我一条心，我们要杀掉这些使者，如果你们不干，我就杀死你们。当乞台人来攻打我时，我就活不成了。但我要先除掉你们。常言说得好：大家在一起，一死何足畏！’于是他们同意了，同他一起袭击阿勒坛汗的使者，杀死了他们，平安地摆脱了这场灾难。过了一些时候，合不勒汗生病死去了。”

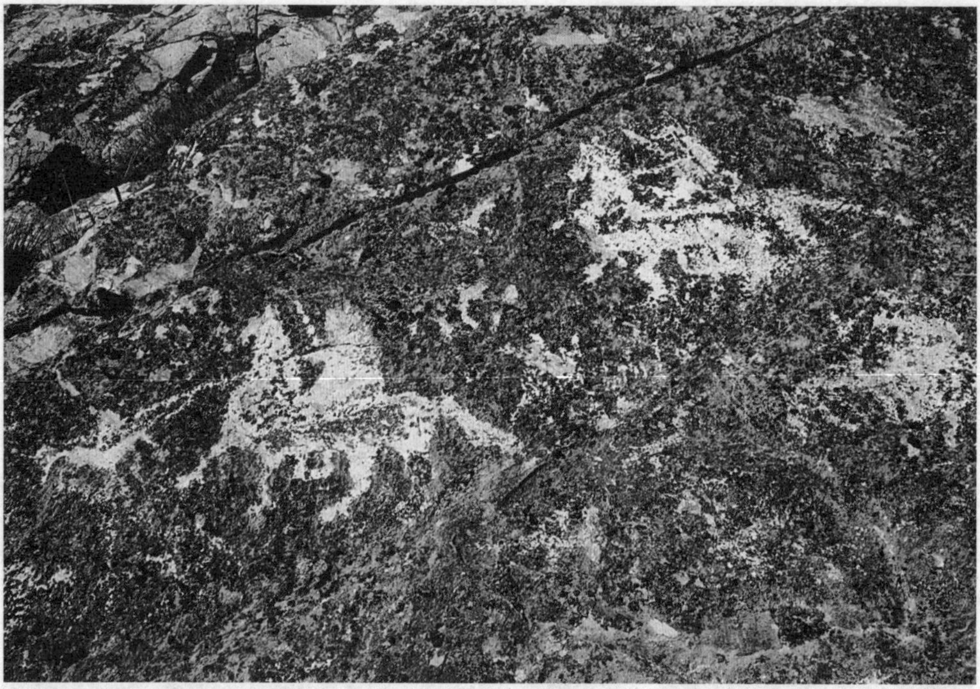

讲述（岩画） （选自《民族画报》）

这样，拉施特的《史集》就把《蒙古秘史》没有记录的这段故事讲完了。从故事的直接结果看，大福大贵的合不勒汗平安地摆脱了平生最大的一场灾难，并且按着自然规律病归苍天了。但是，作为一个部族的首领，一个已经挑起与塔塔儿部族冲突的领导人，合不勒汗未能处理好与战略后方的关系，也远远未能给拥戴他，并寄予他厚望的蒙古部族营造一个本应需要的历史环境。反而将已与塔塔儿部族开始冲杀的蒙古部族置入了腹背受敌的危险境地。

是呵，在历史的那一刻，关系到一个部族兴衰大事的机遇和命运就这样和蒙古人擦肩而过了。一个本来以铺就团结友好之路为目的的会面，由于一方的鲁莽和较欠战略智慧的举止及另一方尚欠心定的多虑短见，导致双方同时失去了各自所需的战略机遇，从而拉开了蒙古部族与金廷政权百余年的战争序幕。

那么，这样的膨胀和毫无顾忌将给蒙古部族带来怎样的后果呢？

短命的领袖之才

这样，合不勒汗就把蒙古部族带入了变数无限的纷乱年代。

随着合不勒汗的安然病逝，一个叫俺巴孩的人接过了统治全体蒙古的权力缰绳。史书上称他为俺巴孩可汗或俺巴孩汗。俺巴孩是根据合不勒汗的生前安排当上蒙古部族第二位大首领的。对此，《蒙古秘史》清楚地写道："合不勒汗虽有七个儿子，却选定想昆必勒格之子俺巴孩为蒙古可汗。"

合不勒汗，这位挑起与塔塔儿人冲突时的无所顾忌者，这位在与阿勒坛汗的周旋中尽显莽撞与欠考虑的人，为何没从自己的七个儿子中选定一个接班的人，而去选择了他堂叔的孩子俺巴孩呢？有人说，这是古代蒙古选贤择能的典范。又有人认为，这是合不勒汗全然无私、开明大度的表现。我倒觉得，事情远没有这么简单，这更像是这位蒙古部族第一任大首领内心活动趋于复杂的产物。

且不论其中有何玄机，俺巴孩就此登上了统治全体蒙古的可汗宝座。俺巴孩是在蒙古部族的历史开始逆转的时候接过权力缰绳的第二位大首领，其责任使命的重大是可想而知的。但他留给后人的故事并不很多，《蒙古秘史》仅用以下文字介绍了他的非常人生：

"兀儿失温河连接着贝尔湖和阔涟湖。这里居住着阿亦里兀惕、备鲁

草原红

兀惕等塔塔儿百姓。俺巴孩将女儿嫁与塔塔儿人，并亲自送去。塔塔儿人趁机将他捉住后交给了金国的阿勒坛汗。俺巴孩追悔莫及，即派别速惕氏巴剌合赤回去，并嘱咐道：'告诉合不勒汗之子忽图剌和我的孩子合答安太石：身为国君人主，不应亲送女儿出嫁，要以我为戒。我已被塔塔儿人擒获，你们一定要报这个仇。直到磨尽指甲，十指流血！'"

另据《史集》讲，塔塔儿人如此将俺巴孩擒获后，又把他交给了金朝的皇帝。而金朝皇帝把他残酷地钉到木驴上杀死了。

这便是俺巴孩汗留给后人的全部故事，也是现今有关成吉思汗的影视中大加渲染的一个情节，更是成吉思汗誓死寻报的血仇之一。

那么，我们不禁要问，作为一个强大部族的首领，俺巴孩为什么将女儿嫁给仇家塔塔儿人呢？又为什么亲送女儿前往？而塔塔儿人又是为什么要擒拿带着善意而来的尊贵亲家？又为什么把他交给金廷阿勒坛汗？尤其是，金廷阿勒坛汗更是为什么那般残酷地杀害了他？

应该说，这是一个必须解读的历史谜案。如不解读它，不回答它为什么会这样的内在原因，那么，蒙古部族的这段历史就将成为令人费解的一场闹剧。遗憾的是，我们至今没有读到关于这一谜案的任何解答。也许是史料缺失的原因吧，学者们都谨慎地回避了它。而我无法回避它！因为此时，我揪心地感受着合不勒汗的尊贵和冒失把该作写到这里，自然对受命于危难之际的俺巴孩汗产生了莫名的期待。的确，俺巴孩汗也绝对不是可以轻易忽略的权力过客。反而，他却是一位古代蒙古具有领袖智慧和政治谋略的领导者。他对蒙古部族当时的处境有着清醒的认识。由于合不勒汗的无所顾忌，当时的蒙古部族已经陷入了来自塔塔儿部族和金廷阿勒坛汗的双重打击之下。在这种情况下，如何保证族人的平安和保持部族的发展，是身为首领的俺巴孩必须面对和解决的问题。于是，为了缓解部族面临的压力，消解来自东边的冲击，他首先向塔塔儿人伸出了和解之手。他采取的具体措施就是：将自己的女儿嫁给塔塔儿人，以此结束先前的怨仇，重修两个部族和睦友好的关系。为表示自己的诚意，他亲自把女儿送嫁过去。应该说，在古代东方这是一个极为灵妙的政治举措。汉朝与匈奴的和亲，唐朝与吐蕃的和亲都为当时的所属百姓换来了较长时段的和平与安宁。也由此，这两代和亲之婚就成了万世传颂的政治佳话。睿智的俺巴孩汗也想用这一办法打造一个平安的草原。可惜的是，俺巴孩汗这一浓浓的善意与美好的愿望被塔塔儿人利用和亵渎了。当满怀希望的俺巴孩汗亲自将女儿送嫁到塔塔儿营地时，狡诈的塔塔儿人就毫不犹豫地把他抓起来，并移交给了已把蒙古部族当成打击对象的金廷阿勒坛汗。而因使团被执杀而恼怒不已的阿勒坛汗也就理由十足地残酷杀害了蒙古部族的新任首领俺巴孩汗。

这便是我对那段历史的还原思考。由于没有史料记载，对我的这一解读任何人都可以嗤之以鼻。但在历史的那一刻，俺巴孩汗肯定是这样去做的。否则，那些一个接一个饥饿的问号永远得不到合理的回答。

这样，合不勒汗的继位者，蒙古部族的第二任大首领就壮志未酬身先死了。关于他的事迹，史书上虽然没有太多的记录，但我们从他极其短暂的政治生涯和颇有远虑的举止看，他是一位有思想，善思考，且也富有冒险精神的领导人。只可惜，在那缺乏历史责任感和毫无诚信的纷乱年代，他过快地离开了草原，离开了历史的舞台。也别无选择地留下了“你们一定要报这个仇。直至磨尽指甲，十指流血！”的旷世怒仇！

非常英雄

随着俺巴孩汗的残忍被杀，蒙古部族的历史进入了风雪交加的蹉跎岁月。由于未能理性把握勃兴发展的正确方向，未能睿智地克服发展过程中的膨胀情绪，更由于领导人的轻率和对战略机遇的无端丧失，终于使蒙古部族付出了巨大的代价。可以坦率地说，这是蒙古民族留给世界的一大教训，只不过未被很好地总结和吸取！

俺巴孩汗死了，化干戈为玉帛的可能性随即也死了。面对得理得势，又不饶人的塔塔儿部族和金廷阿勒坛汗的残酷打击，蒙古部族除了团结齐心，全力抗争之外已无其他选择了。然而，个体生命和个体生命所本有的种种欲望，在属于某一整体的同时更有着属于其本体的特征。生命本体的这一双重特征，随着历史条件的变化会有此长彼消的变化。当整体利益尚未变成整体自觉的时候，一有危难本体特征就会随时显露它利己的本质。就在危难开始降临的时候，蒙古部族整体自觉尚未成熟的缺陷开始显露出来了。

据《蒙古秘史》等史书记载，俺巴孩汗在临死之前已经确定了合不勒汗之子忽图剌为汗位继承人。但是，尽管汗位已经有主，尽管险恶的处境多么需要内部的团结和齐心，然而围绕“可汗”这一尊贵之位，一场只顾

桌子山岩画 （选自《民族画报》）

世界第一外交护照 （蒙古国大使馆提供）

本体利益的阴谋还是上演了。

著名的《史集》详细记述了《蒙古秘史》未记载的这一情节：“过了一段时期，他(俺巴孩)的亲属们、儿子们和泰亦赤兀惕部的异密们会聚在一起，要推举一个人代替他继承大位。会议举行了好久，但没有公推出一个人来。……到了秋天，他们终于在某一天会聚在一起推选君主。他们对他们的一个堂兄弟，部落首领和酋长秃都儿必力格说道：‘在这件事上你有什么话说呢，你认为谁适合当君主呢？’ 秃都儿必力格说：‘让塔儿忽台乞邻秃黑说吧！’塔儿忽台是阿答勒汗的儿子，是他们的叔伯兄弟。塔儿忽台说：‘我能说些什么呢？！让马秃浑薛禅说吧。’马秃浑薛禅说：‘我说些什么呢？！我不会像麻雀一样往圈套里跳，让圈套拴住我的腿。黑燕飞到松树顶上，不会落入圈套。我是一个低贱的合剌出(平民)，有什么权利讲话呢？你们，君主们，发表你们贤明的良言吧，好让我们合剌出像吮食两头母畜的小马般地吃饱喝足，自由自在地过生活。如果你们互相商量好，联合起来，一切事情都将按照你们的意愿解决，众人们也都听你们的。如果你们不团结，那么种种不和与混乱都将降临到你们的兀鲁思（国家）。’他还念了许多这方面的押韵的格言、谚语和箴言，然后哭着离开了会场。在这次聚会上，谁也没有被确定为他们的君主。”

聚会推举汗位继承人的这帮人是蒙古部族泰亦赤兀惕部落的大小老爷们，是已故可汗俺巴孩的亲属们、儿子们和异密们。这些人试图改变先汗遗志的阴谋就这样无果而终了。令人费解的是，决意篡位的泰亦赤兀惕部大小老爷们几经商议而未能提出继位人选不说，也没有一个人敢站出来挑起这拯救蒙古部族于水火的重任。尤其令人深思的是马秃浑薛禅的一席话和他所透露出的复杂信息。马秃浑说，他愿像吮食两头母畜的小马般地吃饱喝足，自由自在地过生活。他又希望那些影响历史进程的老爷们要团结，不要分裂。所以，他说：“如果你们互相商量好，联合起来，一切事情都将按照你们的意愿解决，众人们也都听你们的。如果你们不团结，那么种种不和与混乱都将降临你们的兀鲁思。”

是的，在金廷阿勒坛汗和塔塔儿人的轮番打击下，蒙古部族的内部团结已经开始瓦解，维系族人心灵的奋发理想已经开始动摇，整个部族开始进入了动荡不安的纷乱时期。喜欢吃饱喝足，自由自在地生活的马秃浑预感到了这一点。而亲身体验这一纷乱之痛的人，就是蒙古部族第三任大首领忽图刺汗。

因为泰亦赤兀惕部的篡位企图终未得逞，忽图刺还是依据俺巴孩汗的提名成了全体蒙古第三任大首领。对此，《蒙古秘史》写道："根据俺巴孩被捉时的提名，蒙古各部和泰亦赤兀惕人在斡难河谷聚会，推立忽图刺为蒙古部可汗。蒙古人好以歌舞、酒宴欢庆。推立忽图刺后，与会众人在河边川地的一棵大树下欢宴，舞得天旋地转，跳得地动山摇。"

危机四伏，内乱始起的艰难时刻，蒙古部族终于迎来了领导他们的新君主。所以，他们怎能不舞得天旋地转，跳得地动山摇呢！

蒙古部族的忽图刺汗时代就这样开始了。由于俺巴孩汗发出了"你们一定要报这个仇。直到磨尽指甲，十指流血！"的号召，当时的蒙古部族实际上已经深陷恨仇图报的怪圈。尽管有篡位的阴谋，也有对未来的不安和担心，但仇恨是他们所共同怀有的。他们无暇反思曾经的冒失和莽撞，也不总结这个部族在政治方面的得失，而将部族遭受的耻辱化做了对塔塔儿部族和金廷阿勒坛汗的满腔仇恨。为了报得仇恨，这些笃信长生天，相信奇迹的族人极其希望有一个盖世英雄带领他们发泄心中的愤恨。据《史集》记载，忽图刺汗正是他们所希望的盖世英雄。《史集》介绍说："在合不勒汗的六个儿子中，忽图刺汗当了君主。……虽然他的兄弟们全都是把阿秃儿(英雄)，但他的力气和胆量比他们都要大。蒙古诗

马头琴拉出蒙古心弦（蒙古国大使馆提供）

人们写了许多诗颂扬他，描写他的勇敢大胆：‘他的声音宏亮极了，以至他的喊叫隔开七座山也能听到，就像是别座山里传来的回声。他的手犹如熊掌，他用双手抓起一个无比强壮的人，毫不费力地就能将他像木杆似的折成两半，将脊梁折断。据说，在冬夜里他把整捆木柴放到火堆上，躺在它的旁边。燃起的火堆中有几块烧红的炭掉到了他的身上，烧着了他，但他对此毫不在意。当他醒过来时，他以为是虱子在咬他，他搔了搔身子，又睡着了。他每餐要吃整整一大只三岁羊和一大碗酸马奶，但仍未吃饱……’”

这是一个何等神奇的英雄形象啊！这样一个盖世英雄不正是当时急于复仇的蒙古部族所期待和盼望的人吗？！事情正是这样。忽图剌汗，这位神奇的英雄被推立以后立即带领俺巴孩汗的长幼宗亲及蒙古部族的众人踏上了复仇的征程，从而开启了蒙古部族与塔塔儿人，与金廷阿勒坛汗周而复始、不知休止的复仇战争的序幕。从此，仇

阿鲁科尔沁旗宝山壁画中的《杨贵妃鹦鹉图》（选自《民族画报》）

东汉青铜骑马持戟佣（孔群 选自《民族画报》）

意大利军方送给中国军方领导人的骑兵像（选自《民族画报》）

恨像个无处不在的幽灵，遍布蒙古高原的平原与高地，充斥在大漠南北的空气与心灵。无论是强者还是弱者，都被这貌似正当的理由扭曲了心态，并一同开始接受其生命所不应承载的任何后果。据《蒙古秘史》记载，忽图剌继位后仅与塔塔儿人就开战十三次，但仍未能报得俺巴孩汗被害之仇。与此同时，另据《史集》等记载，忽图剌汗还和金廷阿勒坛汗开战几次，虽有局部的胜利，但总体上也未能报得俺巴孩汗被杀之仇。

我不知该怎样表述“仇恨”一词的本质概念，也不知其他兄弟族人对它有怎样的定义。在我看来，它是伴随了人类历史几千年的一大怪物。由于它或明或暗，或深或浅地持续存在，使我们人类的历史变成了罗马斗兽场般千疮百孔的记忆，使我们后来者的心灵承载了太多的苍凉和悲怆。仇恨，因一方对另一方的伤害而生成，更因另一方的还击而循环，绝对不是一来一去便能结束的简单程序。无论是一个人，还是一个团体，或是一个民族，一旦陷入仇恨的怪圈就等于把自己放入了不知停转的绞肉机里，欲罢不能地付出下去，而胜利只会属于仇恨这个怪物。其实，我们的人类有足够的智慧去化解它，根本没有必要去做仇恨这一怪物的聪明奴隶。

霞光染草原（刘凯 选自《民族画报》）

卷四　败落谷底

智慧和理智是天赐人类的锐利武器，无论在什么时代，无论科学技术如何发展，任何一种先进武器都不能取代它！

在生存发展的过程中，尤其在族群化、国际化的生存环境中，我们的人类更应该用高远的智慧、精深的理智来解决和处理面临的各种问题和矛盾，以免将自己和他人拖入实无必要的灾难之中。

我们常说，历史是一面明亮的镜子。的确，在她那深不见底的胸襟中记录着一桩桩智慧和理智被欲望与冲动击垮而导致的惨痛事例。其中，也有蒙古部族用血泪写成的一笔。

那么，在八百余年前，走入历史困境的蒙古部族究竟经历了怎样一个败落之痛呢？

断裂，从心灵开始

在我们这个地球上，最不该播种的是仇恨，最不该放大的也是仇恨，最不该追报不止的还是仇恨！仇恨是一堆血光之火，它的燃烧必将导致热血生命的不断毁灭。然而，曾经的王者们似乎明知山有虎偏向虎山行，任意地制造和放大了很多仇恨，不仅使生命付出了几多代价，而且在一些地方遗留下了纠缠至今的纷争之根，使人类美好的愿望遭遇一次次的尴尬和无奈。

如今，曾经的王者们带着各自的满足或遗憾纷纷归去了。我们该把这当今世界的美好祝愿寄厚望于人类的领袖们了！

无法改变的是，在八百余年前的草原上，仇恨这一最不该放大的东西被放大了。在这被放大了的仇恨之中，角逐的三方都以巨大的付出继续着相互杀戮的态势。在这场旷日持久、你来我往、周而复始的循环仇杀中，蒙古部族虽以百万号称，但在强大的塔塔儿部族和金廷阿勒坛汗的轮番打击下，一步步退入了落败的境地。如果说，心灵的凝聚是一个民族坚不可摧的力量之源，那么，一个民族的败落同样也从心灵链条的断裂开始。不论是抗击来袭，还是出兵还击，蒙古部族都需要各个部落、各氏家族之间的紧密团结和协作配合。但是，随着杀戮的反复和取胜希望的日益幻灭，蒙古部族维系族众团结的心灵链条断裂了。部族家庭中的一些部落和家族，

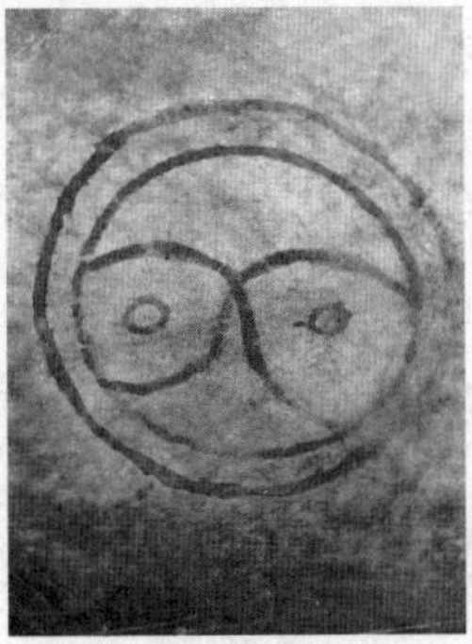
萨满鼓面上的图案
（额博 选自《民族画报》）

纷纷退出追逐仇恨的行列，开始走向了各保自安的分离生活。这种分离不仅严重消弱着部族的势力，进而在部族的内部也将引发新的矛盾和冲突。蒙古部族的第三位大首领忽图剌汗和他的兄弟们首先遇到的就是篾儿乞部落与他们的无情背离。

为了报取俺巴孩汗被杀之仇，也为抗击塔塔儿部族和金廷阿勒坛汗的频频来袭，忽图剌汗需要蒙古部族全体成员的团结与联合。也许他们曾经忽略了篾儿乞部，也许篾儿乞部已经开始懈怠。《史集》记述了这样一个令人痛心的情节：“合丹太师（《蒙古秘史》写为合答安）派了些使者去通知篾儿乞惕部的秃都儿必勒格赤斤说：‘让我们彼此结成联盟，一起去践踏辽阔的高山，驶过国中的大道，让我们互相团结起来吧！’使者将这些话带到秃都儿那里，秃都儿没有作答，却动手磨起刀来。使者问道：‘义兄弟那颜，你磨刀不回答我们是什么意思呢？’秃都儿说：‘我磨快刀子，好用它来挖出合丹安答（合丹兄弟）的那只独眼！’”好一个尴尬冷漠的场景啊！秃都儿的答话不仅使人冷颤，也透露着复仇战争的惨状。在史料中，我们从未读到合丹太师生来独眼的记录，这里却被秃都儿说出了他独眼瞎盲的内情。显然，合丹太师的那只眼睛是在复仇的乱战中受伤失明的！

《史集》接着写到：“他们回来后，将这些话转告给了合丹把阿秃儿。合丹说：‘让这句残忍的话作为内讧的开端吧！在此以前我们不希望战争，他们却把它挑起来了！’接着他又说到：‘如果我在被毒害的情况下把你显现出来，我将是

科尔沁王府萨满服（额博 选自《民族画报》）

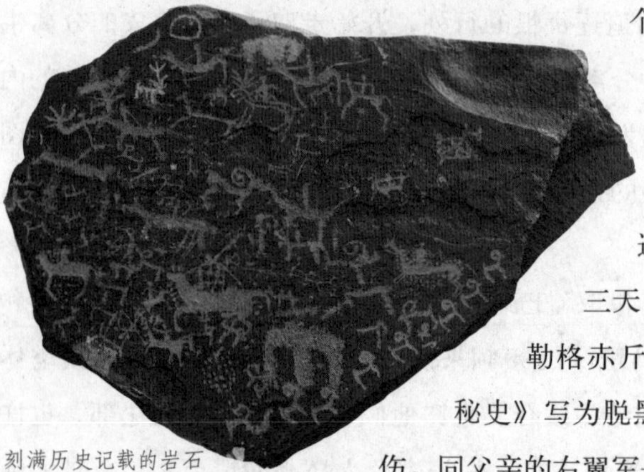
刻满历史记载的岩石
(选自《民族画报》)

个什么人？’于是，割下自己的一匹跑不快的马的鬃毛，扔掉了它。接着，他从左翼派人到其兄忽图剌汗处，又从右翼派人通知了自己的亲家阿里黑赤那。第三天，他们兴师出征，生擒了秃都儿必勒格赤斤。秃都儿的儿子脱黑台（《蒙古秘史》写为脱黑脱阿别乞）在这次战斗中九处负伤，同父亲的右翼军一起逃跑了。

“合丹太师对秃都儿说：‘义兄弟，前天你说要挖我的眼珠，今天我要用手来挖出你的眼珠！’于是挖出了他的眼珠，将他杀掉了。”

本应需要团结齐心的同族兄弟就这样兵戎相见了。从此，身处塔塔儿部族和金廷阿勒坛汗夹击下的蒙古部族更又陷入了自相残杀的内讧之中。合丹不是说要让秃都儿的那句话作为内讧的开端吗？现在它开始了，而且不见终日地继续着……

“过了三年，脱黑台的伤痊愈了，他便装备好自己的军队，派遣使者到合丹处，说：‘迄今为止，蒙古人作战总要预先指定战场和作战日期。现在我们也按照这个规矩作战吧。’脱黑台的使者到时，合丹太师召集了自己的全体异密，摆出了许多酸马奶。在这次忽里勒台（会议）上，他说道：‘异密们，好好地想一想，商议好了以后给使者们一个答复吧。’没有一个人作出答复。合丹说道：‘我隔离开了幼畜，将母畜身上的奶全部挤了出来，拿来给了你们，你们向使者说话回答吧！’他们仍不作声。他又用另一些话来表达说：‘使者们从兀鲁思（家国）里来，对他们作出一定答复吧，因为我召集这次大会为的就是要这个意见。’他们依然没有回答。”

真是难以作答的问题呀！以直爽、骁勇著称的蒙古人，面对搏杀的战邀从未这样踌躇过。他们胆怯了吗？应该不是；他们怕死了吗？也应该不是。他们怎能不知手足相残的不幸，怎能看不出内讧带给部族的灾难性后果。但是，他们有什么办法呢？他们没有能力，也没有权力改变已经发生的和正在发生的一切。所以，作为君主权柄下的顺从工具，异密们除了沉默还能作出怎样的答复呢？然而，在三年前宣告着内讧的开始，又毫无顾忌地杀掉秃都儿的合丹太师，这时也许有了一些始料不及的感觉。所以，他也犹豫了，不那么理直气壮了。但事已至此，除了应战，合丹也没有其他好办法了。这样，已无退路的合丹不得不装腔作势地作答起来——

《史集》接着写道："……合丹听了这些话后，就对急使们说道：'你们去转告脱黑台吧，两只斗羊互相厮斗时，不到其中一只受伤和战败，是不会解开的，日后重遇，它们又会角斗起来，直到其中一只受伤为止，你的处境也是这样：你想为父亲复仇，但是你能有什么作为呢？我的左翼有我的英雄长兄忽图剌汗，他出自魔鬼所住的忽儿忽塔思地方，高山的回声比不上他的嗓音宏亮，他的胳膊的力量胜过三岁的熊掌，他的攻击的猛烈可使三河的水翻腾起来，他的打击所造成的创伤，使得三个母亲的孩子们都要哭起来。在我的右翼，有亲家阿里黑赤那。他在密林里行猎时，曾抓住灰狼的爪子，将它打倒在地上。他曾咬下豹的头和掌，打碎它的头颅，并曾折断虎颈。他出自魔鬼所住的阿答儿主不儿地方。在中军里，有个名叫合丹太师的人，如果他向山上和山坡上进攻，他的手不虚挥，脚不踩空。我们三个人合在一起，就能把脱

文字出现前的符号 （选自《民族画报》）

黑台从他的国土和营地上驱走，使他同他的一家人和仆役分离。现在，虽然我的话已经拉得很长了，但是我还要添上几句：你们，奉使来此的孩子们，由于你们是全兀鲁思中最机灵和光荣的人，他们才派遣你们来。你们不要忘掉这些话，把这些话重述给派你们来的人吧。现在我们就要像说过的那样行动起来了，我们将要作战！’”

合丹太师话中有话。他一面描述着两只羊角斗之后的可怕结局，一面又夸大其词地炫耀着自己的强大无比，同时还表达着前去战斗的决心。他想干什么呢？是不是在间接地规劝脱黑台不要内讧了？是不是想用力量的对比打消脱黑台复仇的打算？也许什么意思也没有，只是一个说话的习惯；也许就是这样一些意思。但木已成舟，内讧的幕布已被拉开，合丹已无能力弥合渐趋扩大的心灵裂痕。于是，内讧的交战如期开始了。

从此，篾儿乞部落与蒙古部族的心灵版图彻底决裂，走上了与蒙古权贵家族互为仇敌的杀斗之路，从而将这个部族推入了更加艰难的历史境地……

遭遇抢劫的大首领

蒙古部族和他的首领们正在经历着败落的悲壮。那么，在最需要团结战斗的时候，已经经历了背离之乱的他们，在接下来的拼杀中还将遭遇怎样的不幸呢？

《史集》记录了非常英雄忽图刺汗与金廷阿勒坛汗的一次战斗经历。战斗自然是为报俺巴孩汗被杀之仇而进行的。《史集》写道："……他们到了那里，断杀起来，击溃了阿勒坛汗的军队，歼灭了大量乞台人，并进行了劫掠。夺得的无数战利品在军队之间进行分配后，他们便回来了。忽图刺汗轻装行进，带着鹰在途中打猎。朵儿边部看到他轻装行进，他们乘机集合起军队在路上袭击了他。他的军队和那可儿们溃散了，他逃跑出来，直到到达一个大的烂泥水洼时才逃脱了他们。他驱马向前，陷进了烂泥里。忽图刺汗将一只脚踏在马鞍上，跳到了水洼的边上。跟踪追来的敌人们到了水洼的另一边，对他喊叫道：'一个蒙古人丢掉了马，还能有什么作为呢？不如回来吧！'他没有理睬他们的话，向他们射了几箭，将他们赶跑了。他重新走近洼边，抓住马的额鬃，不费力地将它从烂泥里拉出来，扔到平地上，立即上马驰去。敌人们则仍留在水洼的彼岸。

"忽图刺汗还没有到家之前，他那些逃出来的军队和那可儿们已回到了家里，因为他没有跟在他们后面赶上来，他们以为无疑地他一定是被杀害了。也速该把阿秃儿准备了食物，送交给了俺巴孩汗的人们——合丹太师、秃带以及忽图剌汗的妻子，为的是将讣闻传给他们。他们收下盛有祭食的碗。

“当也速该把阿秃儿将讣闻传给他们时，合丹太师和秃带大声号啕起来，忽图剌汗的妻子却说道：‘当年幼的宗亲们走进来，彼此吵吵嚷嚷，张惶失措的时候，我很惊异，他们遭到了什么不幸？现在，我听到了究竟是怎么回事，但我不相信！无论出自何人之口，我不相信这些话。我大概是在睡梦中看到这样的事，因为忽图剌汗是人们所说的声音响彻云霄，手掌犹如三岁熊掌那样的人。无疑他不是朵儿边部落所能杀害得了的人！上天保佑，他正在忙着干某件事，他会突然回来的！’

“就在这时，忽图剌汗将马从泥潭里拉出来，向前走着，他对自己说道：‘这些下贱家伙这样对付我，我怎能不从他们那里带走些东西，就空手回去呢！’他又折了回去。那里散放着朵儿边人的若干马群。他抓住一头驯良的公马，将一群母马赶在自己前面奔跑起来。因为正是春天，他在这个草原上找到了些鸭蛋。他身边没有带装这些鸭蛋的东西，便从脚上脱下靴子，在靴子里装满了鸭蛋，拴到马鞍上，自己光着脚骑在公马上。他用缰绳牵着自己的马，将母马赶在前头，一直赶到了家里。这时，也速该把阿秃儿已把食物拿来给了忽图剌汗的亲人们，他们正在哀悼他。当他们看见了他，全都高兴起来，喜气洋洋，哀悼变成了欢庆。他的妻子说道：‘我不是说过吗，不是随便一个人就能把他杀死的！’”

人像(岩画)（选自《民族画报》）

《史集》关于这场战斗的记录就这样写完了。作者拉施特写这段文字的目的是为了说明忽图剌汗那令人惊奇的英雄本色。所以，字里行间充满着虔诚的敬畏。也许是叙说角度的不同吧，这场蒙古部族与金廷阿勒坛汗之间的战斗经历，不仅使我难以振奋，反而使我感受到了蒙古部族败落下来的历史之痛。一位大首领，不顾个人的安危，前去与部族的仇家开战，其成员不仅不去助战，却在疲惫归来的路

阴山岩画 （选自《民族画报》）

上抢劫和袭击了他。这样，纵使忽图剌汗如何英雄，除了能把一匹马从泥潭里拉出来之外，他绝无可能将他的部族从败落的泥潭中拉上岸来。因为，部族的心灵堡垒已经解体，整体的利益目标已趋暗淡，复仇的目标越来越成为当权家族的孤单追求！如此境况，草原怎能依旧神奇？历史怎能因果不清？只是我们未去细细品读它而已。

这样，忽图剌汗回来了。庆幸的是他没有被自己的下属部落杀死，为自己留取了还可生存的一条英雄命。而让人痛心的是，作为一个部族的最高领导人，他又像个草原上的江湖好汉一样，顺手偷走了朵儿边部落的马群。更让人联想不已的是他那捡拾回来的满靴鸭蛋。在我的感觉中，他所捡回来的简直就是一个个结束文章的句号，结束着蒙古部族第一次勃兴而起的历史，也结束着他作为部族首领的历史记录。此后，忽图剌这位蒙古部族的第三位大首领便从历史记录中消失了……

群龙无首的草原

开写本书的目的，就是想通过品味《蒙古秘史》留给我们的非凡故事，解读和诠释蒙古民族盛衰成败的背后密码，以便总结和归纳它留给人类世界的历史启迪。但是，由于《蒙古秘史》没有详细记述成吉思汗之前蒙古部族起伏沉落的历史足迹，所以只好用《史集》等其他文献的相关记录加以补充和解读。

在成吉思汗时代的崛起之前，蒙古部族就是这样坎坎坷坷一路走来的。在他每一步的成功或失误中，我们都可以听到这个民族向着人类历史的潮流蹒跚走来的喘息声。由于他勇于开拓，积极进取，主动拉近了自己与大地自然的距离，得到了冲破蛮荒的第一次大发展；由于他称雄心切，未能理性把握发展过程中的膨胀情绪，无所顾及地挑起了与他族的冲突；由于他英雄豪迈，骁勇善战，别无选择地接受了仇恨的角逐；更由于仇恨这一怪物不能成为全体部族的利益目标，蒙古部族的头领们不得不退入落败的困境……

于是，忽图剌，这位俺巴孩汗亲定的汗位继承者，蒙古部族第三位大首领，带着他捡到的鸭蛋回家去了。并且，从此开始便从历史记录中消失了。他是继续担任了蒙古部族的可汗，还是从宝座上退位让贤了，抑或发生了怎样的不测，《蒙古秘史》、《史集》等都没有任何的终极交待。这样，我们就不得不面对一个没有首领的蒙古部族和一个群龙无首的草原了！

马杆子

在蒙古民族激情走来的历史长路上，这是一段最难书写的篇章了。史学家们没去解读它，凡写蒙古史的著作也都没有记述和介绍它。但是，我不能，也没办法避而不谈它。因为，这是成吉思汗奋力崛起的历史基础，是蒙古部族将涅槃为蒙古民族的黑暗前夜！

忽图剌汗销声匿迹了，蒙古部族也没再选出新的君主。这样，象征着部族联盟团结与统一的，维系着族群成员心灵志向的，体现着部族大众利益目标的，统领着蒙古勇士那步调行动的，搭建在每一个蒙古人心灵圣地上的古老而尊贵的建筑轰然倒去了。它的倒去是那样的水到渠成，是那样的悄然无声。但它是真实的，它宣告了一个时代的悲壮结束和另一个时代的缓缓启动！

那个已经结束的就是蒙古部族激情成长的时代，这个正在开始的便是这个部族解体分离、割据互斗的悲情时代。

那个已经结束的时代在蒙古草原上大至延续了两个世纪之久，其间约有十代蒙古人完成了生命的旅程。在这个时段里，蒙古这一来自额尔古涅昆的神秘人群从一个浪迹山林的古老猎民转变成了经略草原的英雄牧人，进而从一个氏族部落发展成了支系众多的庞大部族；同时，他们也收获了足以照亮后世子孙的精神文化成果。尤其值得一提的是在这一时段里，他们自始至终地表达了欲与历史潮流融汇的炽烈激情。只是，历史战略的失误，使他蓬勃向前的脚步缓缓停歇了！

那么，正在开始的这个时代里，蒙古草原将要经历怎样的变故呢？关于这一点，已经的历史不需要我做事后的诸葛亮。所以，我们还是用曾经的史实来一同去品味它吧……

蒙古草原经历的第一个大变故就是蒙古部族的迅速解体。随着忽图剌汗的销声匿迹，可汗之位在这个部族中消失了；随着可汗之位的消失，维系这个部族统一形态的组织结构坍塌了。于是，已经不堪复仇杀戮的他们纷纷脱离君主世家，或以部落或以家族为单位在各自的住牧地上立起门户，过起了自主生存的分离生活。如篾儿乞部、朵儿边部等更将他们当成了新的仇人。后来，手足相亲的泰亦赤兀惕部也抛下成吉思汗母子，走上了与之敌对的道路。这样，部族联盟解体了，继而草原上就出现了部落林立，各自为政，群龙无首的局面。那么，第二个大变故就是利益目标的异化。因为

曼德拉山岩画 （选自《民族画报》）

青铜制动物塑像 （蒙古国大使馆提供）

部族解体了，共同的利益目标不复存在了，各自为政起来的部落们就去追逐自己的利益了。由于势力不等，地域有别，他们的利益目标自然就各不相同。但有一点是同样的，那就是为保生存抢掠财物。这样，昔日盟友间的相互劫掠就在所难免了！第三个大变故就是族众心灵的裂离。联盟的解体催生着利益目标的异化，利益目标的异化又诱发着相互间的不断劫掠。这样，原本相投的族众心灵就随着利益争夺的加剧不断地疏远起来，并且开始走向对立、冲突的阡陌之路。就此，古老的蒙古草原进入了《蒙古秘史》所描述的：

“星空旋转
诸国相攻
厮杀掳掠不休
使人无暇入睡……”的无序和混乱之中。

太阳，在草原上沉落了。昏暗中，有一堆篝火依然顽强地燃烧着。那就是蒙古根脉的后继子孙，合不勒汗、俺巴孩汗、忽图剌汗的家族宗亲和他们的部落臣民。其主干是以忽图剌汗的侄儿、成吉思汗之父也速该为首的孛儿只斤氏家族和以塔儿忽台为首的泰亦赤兀惕部落众人。据《史集》记载，这群守望祖业的人们由成吉思汗的父亲也速该统治和管理着……

敖包 （选自《民族画报》）

照亮历史的一次抢婚

草原的天空总是那样的蔚蓝，天空上的云朵总是那样的洁白。但白云下的草原并不总是那样的安祥和宁静。相反，有时也会出现风沙飞旋，大地翻滚，灾祸横生的动荡和混乱。公元12世纪中叶的蒙古草原就处在这样一个混乱动荡的历史年代。随着部族联盟的解体，利益目标的分化对立，那些散落而去的部落和氏族们很快进入了各争其利、互不相让、相互抢掠、彼此为敌的纷乱之中。草场、马群、物财，甚至是女人，每一个生存所需的东西无一例外地变成了争抢劫掠的对象。于是，你偷我抢，烧杀抢掠似乎成了各个部落、各氏家族的另一种生产方式，不知上演了多少幕聚散难料、夜梦昼碎的危情悲剧。我有时想，蒙古人那走马天崖，寻享自然的文化意识是不是在这样的环境条件下孕育产生的？！《蒙古秘史》记录了那些烧杀抢掠事件的一部分，其中记录了一起令人惊奇的抢婚事件。

这是一起发生在蒙古部族两个部落之间的抢婚事件。一方是娶妻归来的篾儿乞部落属民也客赤列都，另一方是乞颜部落孛儿只斤家族的头人也速该。《蒙古秘史》是这样记述其过程的：

“……也速该把阿秃儿在打猎途中遇见了自斡勒忽讷惕氏娶妻而来的也客赤列都。也速该窥见此女美丽无比，便回家伙同其兄捏坤太石、其弟答里台斡惕赤斤二人赶来。

“也客赤列都见势不妙，便抽着黄马向山坡快速逃去。见三人追来，他加速绕过山头后又回到了马车旁。坐在车上的诃额仑劝他说：‘你可看出他们三人的来意？他们的形貌可疑，要害你性命！快逃吧，只要保有性命，何愁女人难找。你若挂念我，将来再娶后用我的名字呼她便是了。快来闻我身香，然后去逃命吧！’说罢，脱下外衣送给了也客赤列都。也客赤列都接过外衣后发现那三人已绕过山头急追而来。也客赤列都急忙抽着黄马朝斡难河上游逃去。

“也速该兄弟三人继续追赶。他们将也客赤列都追出七座山冈后才折回来带诃额仑回家。路上，也速该牵着车缰绳，答里台傍着车辕走，捏坤太石则在前面引路。见此情景，诃额仑大声哀呼：

‘我的丈夫赤列都啊
在吹乱乌发的野风中
在漫漫无际的荒野里
你将如何熬过
那身单影只饥肠辘辘的日子啊
如今的我
长发两辫前后分
此苦此难怎度过？！’

“诃额仑哭得伤心欲绝，震撼山野。听罢，走在车旁的答里台劝说道：

‘搂抱你的汉子
已越过重重山岭远去
挂念你的男人
已涉过道道河水离去
任你如何哭叫
再也不能回来
荒野山岭重重
归来之路难寻……

闭嘴吧！’这样，也速该把诃额仑带回家，当做了自己的妻子。”

这样，美丽的新娘诃额仑转而变成了也速该的妻子。这是一起在混乱无序，劫掠肆虐的背景下发生的抢婚事件。它是那样的突然而粗暴，无端地将他人已娶的妻子强行夺去，当做自己的老婆。有人认为这很有诗意，便把它演绎成了英雄救美的浪漫故事；有人认为这是一种习俗，蒙古人自古就有抢婚的习俗，并认为这是为了避免近亲结婚的弊端而采取的有效办法。真是天神知道啊！传统蒙古族婚礼中确有一段“抢姑娘”的娱乐，但我不敢相信它就是由此演变而来的欢娱形式。但谁能知道呢，那交织在历史深处的真真假假究竟有着怎样的关联。比如说这起抢婚事件吧，谁能料想它竟照亮了败落谷底的孛儿只斤家族和深陷黑暗的蒙古历史！

历史重现－骑兵（蒙古国大使馆提供）

山光水影 （选自《民族画报》）

卷五　血脉在困境中延续

每个民族的历史都是向着人类历史的发展潮流前赴后继的记录。因为潮流是发展的融汇，而发展是生命本有的永恒向往。所以，自古至今一切民族的历史都是向着这一方向画就的多彩图谱。但是，由于历史条件的差异、所处环境的不同和开化起步有别，在向这一目标迈进的过程中，有的民族走在了前面，而有的民族落在了后面。走在前面的自有在先的造化，而落在后面的更有他坎坷曲折的原因。

蒙古部族在奔向这一目标的路途上重重地摔了一跤。他遍体鳞伤，痛苦呻吟。那猛然扑向历史潮流的急促脚步突然停止了。那么，正在经历离乱之痛的这个部族如何完成根脉的延续，又将如何重启向前的脚步？

握血降生的婴儿

当今世界的民族是过去世界的民族分化融合的结果。常识告诉我们，民族的分化和融合是一个漫长的历史过程，并有它自己的规律和成因。关于草原游牧民族的分化、融化以及族称演化，《史集》作者拉施特曾写下这样的文字："……在此之前，塔塔儿人成为胜利者时，一切其他民族都曾被称为塔塔儿人。甚至现在塔塔儿人在阿拉伯、忻都斯坦和乞台也还享有盛名。"拉施特的这段话，不仅证明着塔塔儿人曾经的强大，也阐释了草原游牧民族族称演化的一般情形。也就是说，一个各有自己族称的氏族或民族，在他处于弱势或自身难保时就有可能融合到其他强族的族称之中。

在仇恨角逐中渐渐败下来的蒙古部族，随着联盟的解体和分化已经进入了充满变数的年代。那自额儿古涅昆发端而出的族种血脉虽然流淌在那些分离而去的部落、家族的人群身上，但那曾使他们引以自豪的蒙古这一族称已经走到了易被异化的危险境地。那时，如果出现了一个强族，如果对那些离散而去的部落和家族进行了征服，那么今天的我们也许就读不到一个叫"蒙古"的神奇族称了。

就在这样一个困难情况下，蒙古族种的根脉仍还顽强地搏动着。虽然，为俺巴孩汗报仇的事情变成了孛儿只斤家族和泰亦赤兀惕部落两家人的事情，但他们还是竭尽全力地坚守着复仇的目标。公元1162年4月的这一天，仍在坚持复仇行动的也速该从战场上擒来了帖木真兀格、豁里不花等塔塔儿人。恰巧，就在这一天，也速该那抢婚娶来的妻子诃额仑为也速该，为苦守蒙古祖业的孛儿只斤家族，也为纷乱不堪的草原生下了一个婴儿。关于这个婴儿的降生，《蒙古秘史》是这样记录的："正当参加复仇之战的也速该从战场上擒回了帖木真兀格、豁里不花等塔塔儿人时，夫人诃额仑在名为迭里温孛勒答黑的地方生下了成吉思汗。出生时，成吉思汗右手握着一块大如髀石的血块。因恰在擒来帖木真兀格时出生，故起名为铁木真。"

这个握血降生的婴儿就是后来大名鼎鼎的成吉思汗；就是历经千辛万苦创造了无数奇迹的成吉思汗；就是生前铁马风暴擎天一柱，逝后陵寝难寻而又无处不在的成吉思汗！

这个后来成为伟大的成吉思汗的人就这样出生了。关于他的出生，后世的文学家们营造过很多天地感应的神秘征候，不过那

成吉思汗（铁木真）的诞生

都是并无史据的善意编造。其目的只有一个，那就是：加大旷世伟人成吉思汗出生时的神秘度，以便让它呈现出强烈的象征意义。但历史的实事并没有那么多的神秘，反而在并不神秘的一点奇特中似乎更在显露着时代的无常与不幸。一个婴儿握着凝血出生了，这对吉凶之兆极为敏感的草原民族而言，是一个极不寻常的现象。是吉，还是凶，草原人的种种预言和诅咒就像一杆杆套马杆都将甩向这无辜的婴儿。如果说，这是一种可能的不幸，那么他一出生就遭遇的不幸就是被起得铁木真那个名字。一个初生的婴儿，族种根脉的延续者，完全可以从他父辈那里赐得一个吉祥豪迈的名字。而他没有这样的幸运，他起得了一个被俘的敌人，一个被征服者屈辱的名字。尽管它有“精铁”之意，也尽管有着纪念胜利的含意，但对这个无辜的生命都是不公平的。

然而这就是蒙古根脉在多难境地中真实延续的情形……

铁木真的少年时期

被仇恨射落的海青鸟

蒙古人的心灵天空蔚蓝深远。

有人说那里供奉着狼图腾；有人说那里奔驰着一匹骏马；而《蒙古秘史》说高高翱翔在那里的是一只永不下落的白色海青鸟！

我们不知海青鸟什么时候飞上了那里，但我们却能感知到当蒙古人的历史正在谷底喘息时，它却高高翱翔在族人心灵深处的神圣与高贵。由此，我虽然不能武断地说海青鸟就是蒙古人的图腾，但我却坚信矫健的海青鸟就是蒙古祖先们虔诚崇信的古老神灵。

在海青鸟翱翔的天空下草原依旧混乱不堪。劫掠在继续，杀掳在继续，仇恨虽然已无规模，但在也速该执掌的蒙古本家与塔塔儿人之间仍还继续着。就在这样一个纷乱的环境下，那个握血降生的婴儿，那个后来成了成吉思汗的小孩已经九岁了。据《蒙古秘史》介绍，这个出生时就握着一块难知吉凶的凝血的小孩到九岁时已经显落出了“目中有火，面上有光”的非凡气象。他的父亲也速该为了能让这气象非凡的儿子早日找到未来的媳妇，便跨上马背，领着儿子，向夫人诃额仑的斡勒忽讷惕部落营居的地方走去了。

有时候，愿望往往被现实原因改变。人们说那就是命运，是被注定了的。也许，成吉思汗真的没有娶斡勒忽讷惕姑娘为妻的天命。当他跟着父亲走到半路时，一个叫德薛禅的翁吉剌惕部落的人与他们不期而遇了。于是，一桩关乎蒙古民族崛起的婚事就悄悄拉开了序幕。对此，《蒙古秘史》记述道：

“铁木真九岁时，也速该就带他前往母舅亲斡勒忽讷惕人住地说亲。当走到扯克彻儿山与赤忽儿古山间时遇见了翁吉剌歹氏人德薛禅。

“德薛禅：‘也速该亲家要到哪里去？’

“也速该：‘到斡勒忽讷惕百姓处，去给儿子说亲！’

“德薛禅：‘你这儿子可是个目中有火，面上有光的孩子啊！也速该亲家呀，昨夜我做了个梦。梦见一只白海青抓着日月落在我的手上。日月乃是用眼观望之物，可那白海青则抓着它落到了我的手上。我对人讲过，不知此梦是什么吉兆？如今，你领着儿子来到了这里，我的梦便有了答案啊！原来是你乞牙惕(乞颜的复数)的神灵来预告我的哟。’”

真是一个奇妙的梦，一个奇妙的解梦之说呀！德薛禅，这个普普通通的蒙古好汉，在距今八百多年前的那一天把草原人对吉凶之兆极为敏感的风俗演绎到了极致，并且按照梦的指引将也速该，这翱翔在乞颜部落心灵天空的海青鸟请到家里，信心十足地开启了这个家族与蒙古帝王家族的联姻序幕。

德薛禅说话很为艺术：“我们

也速该把阿秃儿

翁吉剌惕百姓自古如此，从不袭扰外族他乡。我们翁吉剌惕人，赶着黑骆驼驾的车子，载着貌如鲜花的姑娘送给那众人敬仰的可汗！”自我介绍，部落的特点等被表述得极为清楚。“我们翁吉剌惕自古美女多。所以，我们一直以外甥之貌，女儿之色生活。”让人心动的诱惑，也速该不得不考虑一下了。“男人生来守营地，女儿则要出嫁到他乡。也速该亲家，我有一小女，请到家里看看！”主题突出，盛情难却。于是，德薛禅成功地改变了也速该的去路，并领着他朝自己家的方向走去。

天命注定的事情，真是顺之又顺。也速该到家里一看，德薛禅的女儿果然貌美秀丽。她名叫孛儿帖，比铁木真大一岁，那年正好十岁。于是，德薛禅这位释梦专家和他梦中的海青鸟就为未来的成吉思汗和他的夫人定了终身。不知是习俗，还是创意，也速该为未来的儿媳留下了一匹马作为定亲礼。而德薛禅目标明确：“将我女儿许配给你的儿子吧。请把你儿子留在我家便是了。”

很是耐人寻味。德薛禅为什么要留下未来的女婿呢？一听这一问题，有人马上会说，这是古代蒙古的婚俗之一，叫赘婿。并且还会引出许多古之又古的概念加以说明。好在生活本身不是概念，我们也不是概念先行的生活解读者。所以，在我的眼里这是一个极其务实，非常人性化，又符合情感发展规律的合理安排。让两个从未谋面，不曾相识的童年男女成为未来岁月中的恩爱夫妻，没有从相识到相知的基础能行吗？没有从形体到心灵的了解能行吗？所以，德薛禅的安

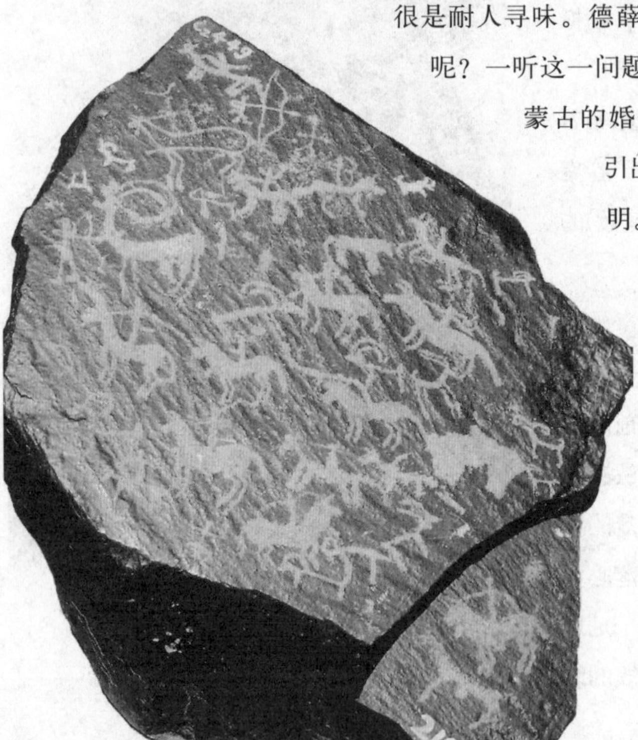

曼德拉山岩画 （选自《民族画报》）

苏尼特岩画

排不仅务实而合理，且更彰显着古代人办事的灵活与随意。

铁木真的父亲也速该没有理由不同意这一要求，于是把儿子留给德薛禅家的同时，也留下了对儿子的一句深深的关心："我儿自幼怕狗，请不要让狗惊吓着我的儿子。"可谁能想到，也速该这句关心的话竟然变成了他向亲家德薛禅，向纷乱动荡的草原，向所有生前亲朋关于儿子的最后托付。就在也速该留下儿子，独自回家的路上，他被如影随形的仇恨毒害了。仇恨依然来自塔塔儿人，依然来自不知休止的循环仇杀。事情是这样的：在回去的路上，也速该在经过扯克扯儿草地时遇到了正在欢宴的塔塔儿人。《蒙古秘史》说："因口渴难耐，也速该下马走去。塔塔儿人认出了也速该，边说：'尊贵的也速该来了'，边把他安排到了宴席上。塔塔儿人念起旧仇，密谋一阵后，就把毒药放进了也速该的碗里。也速该走出后不久便觉恶心不适，苦行三日勉强回到了家中。"弥留之际，也速该安排了两件事：一是向管家老头的儿子托付了家业、妻儿；二是吩咐手下快去接回铁木真。之后，他就撒手人寰了。

随着也速该的不幸早逝，蒙古部族的历史就进入了短暂的无主题时代……

最后的分离

胜利是一杯美酒，可以一饮而尽，也可以是一种心情，转瞬即逝。然而，失败则不仅仅是如山而倒那么简单，它简直就是倒开去的多米诺骨牌，必将导致所有立姿的彻底消失。在历史的那一天，这倒开去的多米诺骨牌效应正蔓延在蒙古草原上，吞噬着蒙古部族一个接一个的生存坚持。

自从追逐仇恨的战场上败退下来之后，蒙古部族首先受到的打击是部族联盟的解体和可汗建制的消失，接踵而来的便是族众心灵的离散和利益目标的异化。这样，一个号称百万之众的，自感强大无比的庞大部族萎缩成了两个家族的小组合。接着，这个小组合又受到了领导人也速该被毒死的打击。至此，多米诺骨牌的效应仍然没有结束，仍然继续着它的程序。那么，已陷灾难深渊的蒙古草原上还将演绎怎样的悲哀呢？

人类的一大嗜好就是爱听好话。我们蒙古人好像更是这样。人家说蒙古民族如何如何地英雄，我们就飘飘然起来。而且，我们最爱说最常说的更是那些神奇和辉煌。其实，身子的后面就是影子，神奇和辉煌的背后就是平常和丑陋。所以，一个率真睿智的民族不仅能够展示其神奇，也应会展示其丑陋。也许，这可能就是一个民族已经成熟的标志。

自从也速该被世仇塔塔儿人毒死之后，他所统领的孛儿只斤和泰亦赤兀惕两个家族的小组合就成了蒙古部族在政治意义上的最后存在。由于英雄的男人们一个一个地死去，他们的遗孀就成了这个组合中说话算数的人。也就是说，蒙古部族的历史就此进入了女人当家的年代。于是，这些失去了男人的女人们就演绎出了如下的故事：

“那年春天，俺巴孩汗的遗孀斡儿伯、莎合台二人前往祭祀祖先的地方，举行祭祖仪式”，《蒙古秘史》写道。举行祭祖仪式，可不是非当家者可为的事情。这样，蒙古部族第二位大首领俺巴孩汗的两个遗孀就以当家人的身份出现了。《蒙古秘史》接着写道：“诃额仑因迟到，未能分得祭品食物。诃额仑深感不满，便对斡儿伯、莎合台说：‘以为也速该死了，孤儿寡母无能，连祭品食物都不分给我们了？当见不见，起营时也不打招呼了！’

“斡儿伯、莎合台毫不相让，愤愤地说道：

‘没有请来相分的道理
只有前来享用的权力
没有送去供用的道理
只有前来分享的权利！’

“接着还说道：‘可悲呀！俺巴孩汗死后，我们竟听到了如此不恭的话！赶紧起营离开他们吧，让他们留在这里！’二人怒斥诃额仑，并提出丢下他们迁走。”

金制野羊塑像 （蒙古国大使馆提供）

在神圣、庄严的场合上，在蒙古祖先的众目睽睽下，她们就这样争执起来了。孰是孰非，难究一责。有一重要的蒙古历史著作，其中写道：“因也速该的去世，泰亦赤兀部首领塔儿忽台更加嚣张，为争夺汗位，处处排挤铁木真母子，祭祀祖宗时不通知他们，诃额仑赶去参加，但不分给‘荣饭’，以表示不承认他们是同族，实际上已开除出贵族行列。”如果不主观，如果能够看到蒙古部族联盟已经解体，可汗建制已趋消失的历史事实，我们就不会得出这样以失公道的结论。在我看来，仅在这件事情上斡儿伯、莎合台二人没有什么过错，不是祭祀祖宗时没有通知诃额仑她们，而应该是，通知了，只是诃额仑她来晚了，没有吃到祭祀仪式上的荣饭。身寡之人的疑心是最大的，诃额仑就把事情想得非常之严重，把话说到了对方难以接受的程度。于是，话引话，气生气，很快导致了蒙古部族所不能承受的结果：

“第二天，泰亦赤兀惕氏塔儿忽台乞邻勒秃黑、脱朵延吉儿帖便撇下诃额仑母子迁离斡难河下游。晃豁塔歹氏察剌合老人见状难忍，前去劝阻。‘深水已涸，明石已碎！’脱朵延吉儿帖不仅不理睬，还向察剌合老人的脊背上刺了一枪，说：‘叫你劝阻！’

“察剌合老人受伤回家后，铁木真前去探望。‘当你贤父属民散去时，我前去劝阻，被他们扎伤了。’老人话音刚落，铁木真满含泪水地走了出去。闻此消息，诃额仑跨上马背，举起缨枪，去追散去的部众。经诃额仑努力，虽有部分百姓回到了营地，但不久又纷纷离开，投奔泰亦赤兀惕而去。”

真是一个令人心疼的场景啊！感受着这分崩离析的疼痛，我们该责怪谁，又该怎样去责怪呢？是俺巴孩汗的遗孀斡儿伯、莎合台吗？是也速该的遗孀诃额仑吗？还是那个塔儿忽台乞邻勒秃黑(塔儿忽台)和脱朵延吉儿帖？责怪他们危难时刻不团结？责怪他们将个体的尊严放到了部族尊严之上？或是责怪他们亲手拆掉了蒙古部族最后一处政治存在？

罢了吧，还是让我独自品尝历史深处的那碗苦水，独自倾听那多米诺骨牌啪啦啦倒去，且推不倒最后一个坚持决不结束的脚步声吧！但我应该表述清楚的是：随着塔儿忽台等泰亦赤兀惕部落人按斡儿伯、莎合台的倡议迁离诃额仑母子之后，蒙古部族自合不勒汗开始的政治存在最终消失了。

成吉思汗陵保存的历史图片 （选自《民族画报》）

沦落荒野的高贵人家

草原是神奇的，她不仅是一种景色，更是一种思想。多少年来，人们不断去认识她，品味她，也不断用各自的感受诠释她。

一千多年前，草原骄子鲜卑人说："天苍苍，野茫茫，风吹草底见牛羊。"自豪之情穿彻千古。一千多年后，一个在草原上工作生活了几十年的汉族作家说："美丽的草原我的家，风吹绿草遍地花，彩蝶纷飞百鸟唱，一湾碧水映晚霞……"很美，就是略显浅表。还有一位异地出生，异地长大，并且已不能用母语诉说了的蒙古诗人说："父亲曾经形容草原的景象，让他在天涯海角也总不能相忘。母亲总爱描摹那大河浩荡，奔流在蒙古高原我遥远的家乡。如今终于见到辽阔大地，站在芬芳的草原上我泪落如雨，河水在传唱着祖先的祝福，保佑漂泊的孩子找到回家的路……"真切，刻骨，无法抵挡的草原向往。凡此种种，关于草原的文字俯拾即是。

近日，我在一本蒙古文杂志上看到了一段文字。写者是一位汉族专家，在内蒙古搞了几十年的生态科研，他说："……在蒙古歌曲中为数最多的是赞美母亲的歌。为什么呢？因为，他们唱的不仅仅是自己的生母，故乡是他们的母亲，草原是他们的母亲，是他们的生命之源。其歌词大意

汲水归（胡德尔 选自《民族画报》）

可以理解为‘宇宙母亲’，‘地球母亲’，‘生命之母’等等。”这篇文章很长，也很好，尤其是这段文字使我心慰。于是，我直接把它节选下来用在此处。他说得很朴素，也很在理。蒙古人就是这样，一向把草原看作是自己的母亲。因为，草原慈祥，博爱，千古如一。她爱惜所有的生命，所有的儿女，甚至爱惜天空飘过的每一朵白云。她的心总是平静如水，不论是得意者或是失意者，不论是英雄豪杰还是妇孺败弱，她都以母亲的慈爱去拥抱和接纳。

就在这慈祥，博爱的草原上有一户人家开始了孤独落寞的艰辛生活。这户人家没有了男人，没有了属民；也没有了牛羊，没有了食物来源。但家的主人，那位曾经被抢过来的新娘，曾经贵为蒙古族最后一个政治首领夫人的诃额仑没有被眼前的一切压倒，而以柔弱的女人之身扛起了一个部族败落而去的所有重负。《蒙古秘史》说：

“贤能机智的诃额仑夫人
穿起长袍系紧了带
腰上别着长袍的襟
沿着斡难河上下奔波
拾来野菜野果
艰辛养育己儿女
度日如年艰又难……”

挖野菜，摘野果，抓河鱼，捕飞鸟，养活饥肠辘辘的一家老少，别说在游牧为生的草原上，就是在农耕环境下的乡村里也都是难以想象的。但是，在中世纪的草原上，在遭族人抛弃的境况下，诃额仑就是用这些自然的恩泽，为后代的蒙古人和人类世界养育了成吉思汗与他英杰的兄弟姐妹。多么伟大的一位母亲啊，如是在宗教创建的年代，她不就是千古崇拜的圣母吗？！只是因为在中世纪，因为宗教制造活动已趋结束，她才永远地留在了人界。

母亲的辛劳一天接一天，孩子们的成长也是一天又一天。《蒙古秘史》接着写道：

“诃额仑夫人养育的孩子
个个长成英雄模样
英雄的孩儿报母恩
端坐河边钓鱼儿
钓来鱼儿养母亲！”

真想长长地舒一口气，真想好好地描绘一下这户孤寡之家在风霜雪雨的荒原上相濡以沫，相依为命的非凡意义。因为，他们是消失而去的蒙古部族最后的遗存，是将要涅槃重生的蒙古民族之第一家庭。可是，接踵而至的事情不容我有片刻的安稳和自在。

就是在诃额仑母亲的艰辛养育下孩子们一个个茁壮成长的时候，一件意想不到的事情就在这户人家发生了。《蒙古秘史》如实地记录了这一奇特事情的经过：

“一天，铁木真、合撒儿、别克帖儿、别勒古台四人钓得一条鲱鱼时，别克帖儿、别勒古台硬是抢了过去。回家后，铁木真、合撒儿向母亲告发说：‘别克帖儿、别勒古台抢走了一条上钩的鲱鱼。’诃额仑听罢深情地说道：‘你们同为也速该的儿子，为何那般争吵呢？应该明白，如今我们举目无亲，形单影孤，这样下去如何向泰亦赤兀惕人报仇呢？为何又像阿阑豁阿母亲的五个孩子一样相互不和了呢？你们可不能那样呵！’”

纠纷就这样发生了。一方是铁木真和合撒儿，是英雄也速该与夫人诃额仑所生的孩子；另一方是别克帖儿和别勒古台，是也速该与另一夫人所生的孩子。值得品味和深思的是诃额仑母亲的一番话。尽管食物奇缺，尽管一条鱼应该就是难得的一顿美餐，也尽管自己的儿子们占着理，但诃额仑，这位具有战略胸怀的母亲还是以全家的生存大局为重想要化解孩子们之间的这一纷争。她所采取的方法就是转移仇恨的方向。于是，泰亦赤兀惕人就成了这户人家首要的仇恨对象。在当时的情况下事情是那样的自然，然而对后来的蒙古民族来说，这便是战略目标调整的开始！

那么，稚气的孩子们能够懂得这么大的道理吗？

“铁木真、合撒儿毫不听劝，‘昨天抢了一只鸟，今天又把鱼抢走了。这般下去怎样共同生活？’说罢起身而去，门被摔得嘎嘎作响。

“此时，放马的别克帖儿正坐在土丘上休息。他见拿着弓箭的铁木真、合撒儿一前一后包抄过来，便说：‘泰亦赤兀惕兄弟欺辱我们的仇尚未报，你们为何把我当成眼中钉，肉中刺？已是举目无亲，形单影孤，为何还要这样呵？你们不要毁了炉灶，害了别勒古台！’说毕，端正了坐式，任由铁木真、合撒儿射杀。”

悲剧还是发生了！有人说，这个别克帖儿是为兄的；也有的说，他比铁木真小。不管它了，让专家们去继续研究吧！只是非常之可惜，一位可能的大英雄就这样夭折了。有人说，这是铁木真除掉竞争对手，谋求家庭霸权的举措；也有人说，这是争夺父位继承权的结果。真是丰富的想象力呵！明明是稚气未脱的几个孩子，明明是生计难维的绝贫处境，怎会有那么复杂深远的政治考虑呢？因为，对于我们这个人类世界而言，物质利益是一切矛盾冲突永远的根由！

诃额仑母亲怒不可遏，痛骂铁木真道：

“害尽骨肉的你

夏季 （胡德尔 选自《民族画报》）

吃尽同伴的你
从我热腹中出生时
握有一块凝血的你
如同
撕扯肋骨的黑狗
如同
冲向悬崖的凶鹰
如同
愤怒暴跳的雄狮
如同
活吞生灵的莽魔
如同
自冲其影的猛禽
如同
凶猛残暴的野兽，
又如
咬断羔驼脚跟的公驼
雨天猛扑羊群的饿狼
又如
捕食幼子血肉的暴鹘
袭击邻里异群的豺狗！

“你这如狼如虎又如猛禽的孩子呀，我等影子之外无同伴，尾巴之外无甩鞭，为报泰亦赤兀惕欺辱我们之仇而愁思之时为何干出这等事来？！”

真是痛心疾首啊！一个部族败落而去后，他的后人竟过着这样的日子……

山色分明浓云布（选自《民族画报》）

卷六 绝境中的抗争

曾经的蒙古部族远去了，带着他那未酬的壮志和败落的伤痛……

草原民族又一次的兴衰轮回就这样结束了吗？

曾记得，虎狼匈奴雄起草原，与大汉帝国干戈许久，然而垮败下来云随风去，不留屐痕。鲜卑人接踵而至激情崛起，他们开国立朝威震南北，但败落下来如潮退去，影踪全消。更有契丹勇士冲出东北跃马中原，把一个偌大的宋朝撕扯得体无完肤，但是随着女真人的兴起，不可一世的契丹人就烟消云散，音讯不在……

蒙古部族也以百万之众，磅礴之势一时雄起，与塔塔儿人和金朝打打杀杀几十年，但他还是败下战场，并且萎缩成了沦落荒野的一户人家。那么，蒙古人就这样完成了兴衰的轮回吗？如果不是，那沦落荒野的这户人家还将遭受怎样的磨难呢？

来自手足的磨难

铁木真射杀别克帖儿的悲剧就那样演过了。好在诃额仑母亲的正确干预，把全家的注意力成功地转移到了共同的仇恨目标之上，所以没有在嫡出和庶出间形成新的仇恨。

但是，还没等诃额仑母亲和她的孩子们向泰亦赤兀惕人报还仇恨之际，他们曾经的手足，曾经狠心地弃他们而去的泰亦赤兀惕人又来制造新的仇恨了。其全程抄录如下：

“过后不久，泰亦赤兀惕人歹念又起，认为诃额仑的孩子们已经长大，该去打击了，便组织人马奔袭而来。惊恐有余的诃额仑带着孩子们躲进了山林。别勒古台折来树木做成了栅栏，合撒儿与泰亦赤兀惕人对射着，将合赤温、帖木格、帖木仑隐藏到了山谷中。泰亦赤兀惕人边追边喊：‘交出铁木真来，别的人都不要！’听到此话，他们便让铁木真向密林深处逃去。泰亦赤兀惕人紧追不舍，铁木真急忙钻进了高山密林。泰亦赤兀惕人未能穿入林中，无奈之下包围了密林在四周看守着。

“铁木真在密林里匿避了三昼夜。当他欲要走出密林，牵马前行时马鞍突然脱落了。回头一看，攀胸、肚带依然系着，鞍子却落到了地上。

“‘虽然肚带可以脱落，但系着攀胸的鞍子怎能脱落呢？莫非是上天阻止我出去？！’铁木真又匿避了三天。当他再度出去时，一块大如帐房的巨石挡住了走出的路。'莫非是上天的暗示？'铁木真回到原处又呆了三天。连续九天粒米未进的铁木真再也无力坚持，心想：如此默默地死去，还不如出去的好！便用刀子砍出一条绕过巨石的路，牵着马儿走了出去。他一走出密林即被泰亦赤兀惕人抓去了。

"塔儿忽台将抓去的铁木真惩治一番后交给属下百姓轮流看管。入夏首月十六日，晴空灿烂，这天泰亦赤兀惕人欢宴于斡难河之岸，直到日落时才散去。宴间，他们把铁木真交给一个弱童看守。宴散人去后，铁木真用手上的枷锁击倒看守，跑进斡难河边的树林里藏了起来。后又怕被发现，便跳进一处水潭躺了下去，只把脸露出了水面。

"'被抓的人跑了！'看守苏醒后惊叫起来。闻声，散去的泰亦赤兀惕人又聚拢过来，在明亮的月光下向斡难河边树林搜去。此间，速勒都孙的锁儿罕失剌正要过水潭时看见了仰面而卧的铁木真，便说：'水不留痕，天不留迹！你这般躺着很对。正因为你有这样的智谋，且又目光炯炯，灵光满面，所以，泰亦赤兀惕人才如此妒害你呀！就这样躺着吧，我不会告发你。'说完便走了过去。泰亦赤兀惕人商量接下来搜寻的办法，锁儿罕失剌说：'咱回头循着各自的来路及周围再搜查一遍吧！'众人听罢，齐声同意，便循着各自的来路寻查而去。原路返回的锁儿罕失剌从铁木真身边经过时勉励道：'泰亦赤兀惕兄弟正咬牙切齿地找你，你就这样躺着，一定要坚持住！'

"没有找到铁木真，泰亦赤兀惕人又商议再行

早年生活的铁木真（巴拉吉尼玛 选自《民族画报》）

搜查的方法。锁儿罕失剌说：'咱这些泰亦赤兀惕后人，光天化日之下都没能把人看住，在这黑灯瞎火的夜里还能找得到吗？我们还是循着原路再搜一遍，然后回家，明日再集中搜寻吧。他一个戴着枷锁的人能跑到哪里去？'众人觉得有理，便纷纷返回原路去寻找。

"锁儿罕失剌又到铁木真跟前，提醒到：'搜过这遍后，我们就回家了，决定明天再来搜查。待我们散去后，赶紧去找你的母亲和弟弟们。如遇到别人，不要说我见过你。'待他们散去后，铁木真心想：前几日他们让我轮帐住宿。轮到锁儿罕失剌帐房时，他的两个儿子沉白、赤剌温不仅同情我，睡觉时还给我卸去手上的枷锁。现在锁儿罕失剌又发现我而未去告发。由此看来，他们也许会救我！于是，铁木真朝着斡难河边锁儿罕失剌家直奔而去。

"锁儿罕失剌家与众不同的特点是彻夜不停地调制奶食。铁木真根据这一记忆，循着捣奶时发出的声响，找到了锁儿罕失剌家。'不是让你去找你的母亲和弟弟们吗？怎么到我这里来了！'锁儿罕失剌很是惊怵。可他那沉白、赤剌温二子却不以为然：'被鹰追袭的小鸟如果躲进树丛，树丛会护救小鸟的。如今人家投奔我们来了，怎能说这样的话呢！'他们一边埋怨父亲，一边砸下铁木真手上的枷锁，然后把他推进装羊毛的小篷车里。并派他们的妹妹合答安收拾好羊毛车，还跟她说：'不得告诉他人。'

"一个戴着枷锁的人能跑到哪里去呢？第三天时，泰亦赤兀惕人疑惑起来。'莫非我们的人把他藏起来了？搜查一下营内各户人家！'于是，开始搜查营内各户。搜到锁儿罕失剌家，翻箱倒柜，床铺上下找完之后，又走到后院羊毛车旁。当掏出口子上的羊毛，铁木真的脚尖就要露出来的一刹那，锁儿罕失剌大声说道：'天气如此酷热，活人能在羊毛堆里呆得住吗？'众人听罢觉得有道理，便跳下马车，搜查下一户人家去了。

"等待搜寻者走远之后，锁儿罕失剌对铁木真说：'你险些毁了我的家呀！这就找你的母亲和弟弟们去吧。'他让铁木真骑上自家的口白马，带上羔羊熟肉后，又给他带了一张弓两只箭，便急匆匆送他上了路。

"铁木真离开锁儿罕失剌家，来到曾用篱笆围过的旧营地后，再顺着草丛中的车辙，逆斡难河而上，走到了潺潺东流的乞沐儿合溪边。从乞沐儿合溪边又逆行至别迭儿山嘴的豁儿出恢小山时，遇见了母亲和弟弟们。……”

一次大的磨难就这样过去了。铁木真，这位日后的成吉思汗，这位握血出生而刚刚射杀过手足兄弟的少年从此成了仇家们重点打击的对象。那么，泰亦赤兀惕人为什么要打击已被他们欺辱得奄奄一息的也速该一家遗孤呢？史家们斩钉截铁：为的是争夺蒙古汗位的继承权！可我这笨脑怎么也理不出事情背后的这一玄机。因为，在这个时候，需要可汗的部族联盟已经解体，旧有的政治构架已经消亡，所以汗位也应该没有了所谓的继承问题。假如说还有，泰亦赤兀惕人凭借其强大的势力和俺巴孩汗后裔的身份完全可以立头人为汗而行使权力。在我看来，这只是泰亦赤兀惕人试图消除仇患的举动，所以才显得那样的轻率和随意！

成吉思汗作战图｜（蒙古国大使馆提供）

成吉思汗作战图Ⅱ（蒙古国大使馆提供）

失而复得的八匹骏马

有一幅画，蒙古人家家挂在墙上。甚至，有的把它挂在神佛之位，致以虔诚的奉祀。那是一幅画有乳黄色八匹马的图画，称“八骏图”。蒙古人喜爱它，欣赏它，长年累月地把它挂在仰目之处。这不仅仅是装饰之需，更是在祈求势如骏马腾飞的好运！如今，蒙古人祈召吉祥好运的这一形式已被民族间的文化交流活动不断放大，一幅吉祥八骏图正在成为更多民族和人民的文化饰品。

那么，这形象俊美、神态各异、安祥且可奋蹄腾飞的八匹骏马来自哪里呢？它们既不是来自神话，也不是来自幻想，它们就是铁木真家那失而复得的八匹骏马。

如上节所述，铁木真从泰亦赤兀惕人的手中成功逃出后很快找到母亲和弟弟们，并为躲避泰亦赤兀惕人的追寻，举家走到一个叫桑古儿的小溪旁边过起了捕食獭儿、野鼠的生活。远离了仇人，远离了纷乱。这样，铁木真一家就能过上不用心惊肉跳的安稳生活吗？怎能呢，一个生活在纷乱年代的社会人生怎能摆脱那飞沙走石的时代之灾！很快，灾祸又来敲门了：

“一天，劫匪从铁木真家旁掠走了他们的八匹马。别无他马可骑的铁木真，只好让匪贼们赶着马群扬长而去。当天，别勒古台骑着秃尾黄马出去打猎，傍晚时将猎杀的旱獭驮在马背上，自己牵着马儿走了回来。‘我家八匹马被劫匪掠走了。’别勒古台一听这话，急忙说：‘我去追！’

“‘你追不回来，还是我去追吧！’在旁的合撒儿劝他弟弟道。

“见此情景，铁木真说：‘你们都追不回来的，还是我去追为好。’说罢，跨上秃尾黄马急驰而去。他顺着八骏踏出的蹄痕追赶了三天三夜，一天早上碰见了在马群旁挤马奶的一少年。寒暄后，铁木真向他打探八匹马的下落。那少年说：‘今早日出前有人赶着八匹马经过这里。我去指给你！’还放走铁木真的秃尾黄马，给他骑上了自家的黑脊白马。然后，他没向家里打招呼，找一处阴凉地放好奶桶后跨上了自己的淡黄快马。‘看来，你正在遭难。男人的苦难是一样的，我来做你的朋友吧！我的父亲叫纳忽伯颜，我是他的独生子，名孛斡儿出。’”

《蒙古秘史》就这样叙述着事情的经过。真是一个神奇的境遇呀，遭难之中的铁木真竟遇到了这样一个人！他傻吗？不是；他愣吗？也不是；他有企图吗？更不是！他在这里所表现出的正是蒙古男人特有的男子汉情结。敌对厮杀，刀枪无情，而在平日总怀男人心疼男人的莫名之情。无条件，无目的，更无功利。正因满怀这一情结，孛斡儿出要助铁木真一臂之力了！

“孛斡儿出边说，边与铁木真并肩出发了。二人追踪八骏的蹄迹走过三天三夜后，在太阳将要落山时来到一群百姓营地旁，并在营帐附近发现了正在吃草的八匹马。‘好朋友，你在这里等我，我看见自己的马了，去把它赶过来。’铁木真话音刚落，孛斡儿出当即表示反对，说：‘我是来做你朋友的，怎能呆在这里？’于是，二人飞奔过去，赶着八匹马离开了这里。

“营帐里的人发现后陆陆续续追了过来。一个骑着白马，手拿套马杆的人眼看就要追上来了。孛斡儿出忙说：‘快把弓箭给我，我来射他。’铁木真不肯：

夺回八匹骏马

‘怎能让你替我吃亏，还是我来射他’，边说边拿起弓箭射击起来。那骑白马的追赶者被射得无法前行，只好挥着套马杆远远地落在了后边。不久，追赶者虽然赶了过来，但是天色已晚，他们无奈地看着铁木真他们慢慢远去。

“铁木真、孛斡儿出二人赶着八骏彻夜急行，第三天时走到了孛斡儿出家附近。铁木真对孛斡儿出说：‘你帮我把八骏赶回来了，说吧，你要几匹？’孛斡儿出当即拒绝，他说：‘好朋友，我是见你很辛苦，才自愿做你朋友的。并没想分到什么！我是富足之人纳忽伯颜的独生子，父亲的积蓄足够我享用一辈子！’

“当二人走进纳忽伯颜家时，正为儿子失踪而焦急万分的纳忽又气又喜地说：‘告诉我，儿子，究竟出了什么事？’孛斡儿出说：‘我见这位朋友为寻找丢失的马艰难起来，便同他走了一趟。现在回来了！’说罢，急忙去把放在野外的奶桶拿了回来。纳忽伯颜给铁木真准备了肥羔羊肉和饮水，并嘱咐道：‘你二人今后要好好交往，不要相互舍弃。’铁木真自那上路后又走了三天三夜才回到了桑沽儿溪边的家。见铁木真归来，诃额仑母亲和合撒儿弟弟等都很高兴。”

《蒙古秘史》就这样讲完了铁木真家八匹骏马失而复得的经过。从此，这八匹骏马也从草原走入了画框，给珍爱它的人不断召示着吉祥、奔腾的好运气！

八骏图 （胡德尔 选自《民族画报》）

用智慧包裹的貂皮斗篷

细细一想，我们人类的历史不就是一部生存竞争的悲喜长剧吗？多少情仇多少恨，多少荣辱多少梦，不都是这部长剧的瞬间情节吗？是的，这部长剧有始无终，源远流长，其核心旋律就是历代人生的起起落落，盛衰成败！那么，我们不禁要问：导致这起落不休，成败轮回，盛衰更迭的背后因素究竟是什么呢？那就是智慧，那就是一个人、一个团体、一个民族的智慧！

不论在什么时候，不论在什么地方，也不论在什么样的情况下，只要有智慧，只要用智慧，人就能在残酷的生存竞争中保全自己，发展自己，也能极大地放大和实现自己的理想和抱负。但必须明确的是，这里所说的智慧决非是小聪明，决非是尔虞我诈的臭把戏。

铁木真，这位落败之族的不幸遗孤，在他懵懂的少年时代承受了不该承受的种种磨难。但是，他以稚嫩而天生的智慧安然渡过了一个接一个的生死难关。当曾经是同盟的泰亦赤兀惕人前来抓捕时，他在深山密林中一再感悟到“上天的暗示”，上演了不进粒米而坚持九天的生命奇迹，完美诠释了精神对生命的特殊功效。在开始逃跑的第一阶段，在河畔林中的水潭里，带着枷锁的他仰卧在水里，只把鼻子露在外面用来呼吸。如若是他人，如若就是我，那定会是大面朝下将后背和臀部留给搜寻者，待人家刀

孛儿帖兀真

棍一扎翻转身来乖乖跟着走。而仰卧着，且把鼻子露在水面，这样既能把身体藏到水里，也能自由呼吸，更能观察地面的情况，并便于拔腿逃去。如不是天生智慧，这般举止很难在草原上出现的。尤其在逃生的机会来临之际，他没有慌忙地逃去，而是待夜深人静后轻轻推开了对他充满同情的锁儿罕失剌家的门，并在他们的护救下终于摆脱了泰亦赤兀惕人的妒害。这是天意吗？是长生天在佑护铁木真吗？“也许吧！”在难以说清的情况下，我曾也这样默认过。但后来我才明白，这是当事人在有意无意间极大地刺激和放大了同情感的结果。

就这样，铁木真化解着一次次的生死劫难，并在劫难中磨炼成长着。如今，他从劫匪手中夺回了自己的八匹马。这表明，他已经长大了，成人了，已经有一定的抗争力了！

人最大的麻烦，就是需求的不断产生。长大了，成人了，娶妻生子的需求随即产生了。《蒙古秘史》接着写道：“当铁木真九岁时，与德薛禅的女儿孛儿帖定亲，此后二人再未相见。时下，铁木真、别勒古台决定前去寻找孛儿帖，便直奔客鲁涟河下游而去。仍在扯克彻儿山、赤忽儿忽山一带游牧的翁吉剌惕氏德薛禅见到铁木真兄弟二人十分欣慰，便说：‘我知道，泰亦赤兀惕兄弟一直在妒害你，所以特别担心。现在见到你也就放心了。’遂将女儿孛儿帖嫁给了铁木真。

“铁木真带着新婚妻子孛儿帖启程回家。德薛禅把他们送到客鲁涟河岸一个叫兀剌黑啜勒的地方后返回了家。孛儿帖的母亲搠坛却一直把女儿送到了铁木真家的住地——桑沽儿溪边。”

没有隆重的仪式，没有烦琐的礼节，铁木真的婚事就这样办完了。这是蒙古人的婚礼吗？不是说蒙古人的婚礼是如何如何的讲究，如何如何的隆重吗？尤其是现在，在舞台、荧屏或书籍上一说起蒙古人的婚礼，就大谈特谈考究的递进程序、热情的环节礼仪、奔放的迎娶形式。歌舞美酒，狂欢嬉戏，天地醉动更是不可或缺。而且都会点明这是蒙古祖先创制的亘古必循的传统习俗。的确，蒙古人的婚礼较为隆重考究，较为喜庆奔放。但这决非是远古定制的必循程序，而是一代代人根据婚礼这一喜庆主题不断增添新内容的结果。我倒觉得，婚礼就是婚礼，应以完成两个人的结合为基点，至亲挚友们聚到一起办一下祝福的仪式就应该可以了。没有必要搞得那么奢侈、铺张，也没有必要扩散到其他层面的关系上，以亵渎友情和其他。但我们办事恰恰相反，功利考量日益明显，把喜事一步步地演化成了友情的负担！

忽兰合敦

还好，在古代人尚还很朴实的时候，铁木真的婚事就那样简单地办完了。沦落荒野的孤寡之家娶来了新媳妇，这是多么令人高兴的事情啊！从此，这个家才有了家的样子，才有了血脉延续的希望！我真不知历经沧桑的诃额仑母亲用她那褴褛的衣袖抹去了多少喜悦的眼泪。是啊，对铁木真他们来说这样的一个家是多么的重要和珍贵，多么的值得去欣喜。可是，劫难重重，自命难保的他们能够维持这个家的安稳吗？不能！于是，确保家室安全的需要就凸现在铁木真他们面前。

铁木真的智慧之门又一次敞开了。《蒙古秘史》接着写道：“一日，铁木真、合撒儿、别勒古台三人拿着搠坛母亲送给她女儿孛儿帖的黑色貂皮斗篷，前去拜见父亲

蒙古骑兵（选自《民族画报》）

也速该的生前好友王罕。‘父亲的朋友，就应同我们的父亲！’铁木真如此企盼着，不久便找到了正在土兀剌河岸密林里营居的王罕。‘您如同我的父亲一样。如今，我娶了媳妇，特来送您一件貂皮斗篷，以示孝敬。’铁木真边说边将礼物敬献上去。王罕甚喜，便说：

‘为回报你貂皮斗篷的情意
我为你收复那
四处离去的散民！
为回报你貂皮斗篷的孝心
我为你重振那
支离破碎的家园！
让那肾置其腰间
让那痰置其腔间！’”

一件貂皮做的衣服，现在很是昂贵，但在八百多年前，在狩猎游牧的生活中不一定就是稀罕。可它一经铁木真的智慧包制，加上一番唤醒旧情的语言渲染，它就升值成了使王罕甚喜的珍贵礼物。王罕是什么人？他是兵强马壮、雄霸一方的客烈亦惕部落之首领啊！能有他的同情，能有他的庇护，铁木真一家不就有了安全保障吗？！这是铁木真拜见王罕的根本目的，可王罕却出人意料地夸下了帮他重振家园的海口。多值啊，一件貂皮斗篷就这样无限升值了！

如果自己是一位画家，如果自己是一位雕塑家，我一定要把这一典故加以物态化，并题《皮衣复国》之名，给世人以智慧生存的启迪。可惜，我哪个都不是！

大沟湾 （选自《民族画报》）

卷七 拯救，始于家业

在我的办公室放有一幅蒙古文书法作品，是一位书法人写给我同学的。因有别字，同学没有把它拿回家。于是，我就有了不请自来的一幅书法！

书法内容是一句成吉思汗箴言，译意是『能治家者就能治天下』。成吉思汗是否说过这样的话，我们已无法考证。但这句话显然是蒙古古训『治己，治家，治天下』之句的内容延伸。治己，就是修治自己，使其能与生存环境相适应。治家，就是修治家业，使其能够兴旺发达。治天下，则就是治己、治家本领的政治化放大。

磨难中完婚成家的铁木真已经步入了修治家业的阶段，并且也已为自己风雨飘摇的家庭找到了强大的庇护。那么，命运坎坷的铁木真将怎样拯救起自己的家呢？

仇人又来了

找到了强大的靠山，铁木真一家的安全就有了理论上的保障。于是，铁木真迎来了两个年轻人，一个叫者勒篾，另一个就是帮他夺回八匹马的孛斡儿出。孛斡儿出是应铁木真之邀前来做安答的，而者勒篾是铁木真家原属民的儿子。当铁木真落难时，他们流落山野，如今父子二人寻主归来，并且父亲把儿子者勒篾留给铁木真，叫他为铁木真出门备马，进门掀帘。

铁木真拯救家业的行动就这样悄然起步了。但是，在仇恨泛滥，灾祸横飞的那个年代，他的计划能够得到顺利实施吗？怎能呢，昔日的仇恨又来复报了：

"一天拂晓时，诃额仑母亲家使唤的老妇豁阿黑臣听到了震天动地的马蹄声，便急忙跑进帐里说：'母亲，母亲，快快起来！马蹄声正在震天动地，泰亦赤兀惕人可能又来袭扰我们了。'

"诃额仑母亲边起床，边令侍妪叫醒孩子们。铁木真他们猛然被叫起床，并抓来了各自的马匹。铁木真、诃额仑、合撒儿等每人骑上了一匹马，年幼的帖木仑被母亲抱在怀中，又将一些急需品驮在另一匹马上出发了。如此下来，夫人孛儿帖却没有可乘之骑了。

"铁木真及兄弟们向不儿罕山急速行去。留在家中的女佣人豁阿黑臣将夫人孛儿帖藏进坚固的帐车里，套上腰花牛，驾车逃向统格黎溪上游。天亮后，一群兵士从对面驰来，厉声问道：‘你是什么人？’豁阿黑臣说：‘我是铁木真家属民，来主家剪羊毛的。现将分得的羊毛拉回家去。’‘那铁木真在家吗？他家在哪里？’兵士们接着问。豁阿黑臣回答道：‘他家离这儿不远，不知铁木真是否在家。我是从他家后院出来的。’

“兵士们急驰而去。豁阿黑臣心急火燎，猛抽腰花牛想要赶紧走开，可不幸的是车轴却“咔嚓”一声断了。无奈之下，二人欲向密林深处逃跑时，那些兵士们抓获别勒古台的母亲后又折了回来。他们让她叠骑在马上，双脚下垂，任其挣扎。‘车里装的是什么？’追来者问。豁阿黑臣说：‘装的是羊毛。’‘兄弟们下去查看一下！’其中一长者说道。众人应声下马，前去拉开帐车闭门， 发现了躲在车里的孛儿帖夫人。他们将孛儿帖拉出车后与豁阿黑臣一起驮到了马背上，就循踪向不儿罕山追赶铁木真去了。

“他们追踪到不儿罕山后绕山搜寻三遍，但未能找到铁木真。他们并不甘心，决定进山细查。可没走多远，却被无底泥潭和饱蛇都难以钻行的密林挡住了去路。这样，他们袭击铁木真等人的目的无奈地落空了。”

真是祸从天降啊！铁木真拯救家业的计划刚刚起步，家境状况稍有起色的时候，仇恨的打击就这样又一次降临了。那么，汹汹而来的这些人究竟是谁？他们与铁木真家有何怨仇？他们汹汹而来的目的又是什么？来者既不是老妪豁阿黑臣所想的泰亦赤兀惕人，也不是劫去过八骏的匪贼，而是在蒙古部族第三位大首领忽图剌汗时代强行脱离联盟体系，自动撤出仇恨战场的那个篾儿乞部落的人们。自从撤出仇恨的战场，这个部落就很少被史书提起。后来，这个部落的一个贵族到外地娶亲，在回来的路上新娘却被也速该抢去了。那个新娘就是铁木真的母亲诃额仑。如今，篾儿乞人为报当年的那个仇气势汹汹地过来了。

意大利画家笔下的铁木真（巴拉吉尼玛 选自《民族画报》）

这是怎样的一个仇啊？学者们不是说抢婚是一种习俗吗，不是说蒙古人自古就有这样的习俗吗，不是说蒙古族传统婚礼中的“抢姑娘”一环就是抢婚习俗的遗存吗？如今，篾儿乞人为报二十多年前新娘遭抢的旧仇气势汹汹地过来了。如果是习俗，它能转化成仇恨吗？如果是习俗，新郎一个人的不幸能够演化成篾儿乞人群体的仇恨吗？如果是习俗，时过境迁的二十多年之后他们还来讨报这不该成为仇恨的仇恨吗？但是他们来了，就为讨报那个仇恨气势汹汹地过来了。他们那充满愤恨的马蹄好像在说：“玩去吧！我们还不知道什么是习俗，什么不是习俗？竟拿我们瞎说！”

就这样篾儿乞人来了。他们虽然没有抓到铁木真，但还是有所收获地抓到了铁木真婚娶不久的新娘和他弟弟别勒古台的母亲。于是，那些篾儿乞人就商量道：

“此来，为的是报诃额仑被抢之仇。今却抢到了他们的妻媳，也算仇已报了。”便掉转马头，归家而去。

“篾儿乞惕人把抢去的孛儿帖夫人交给了赤列都(二十多年前被也速该抢去新娘

的不幸之人)的弟弟赤勒格儿。躲在山中的铁木真对此一无所知。为了了解来袭者的去向，铁木真将别勒古台、孛斡儿出、者勒篾三人叫到身边，说：‘不知篾儿乞惕人撤走了，还是埋伏在山下？你们仨跟踪三天三夜了解个清楚！’派他们下山后，铁木真独自走到不儿罕山，捶着胸脯虔诚地说道：

‘全凭豁阿黑臣那
金鼠般敏锐的听力
逃过了仇敌的袭击！
跟着野鹿的蹄迹
踏过崎岖的山路
全凭豁阿黑臣那
银鼠般超凡的视力
躲过了恶魔的袭击！

转场途中 （孟松林 选自《民族画报》）

顺着崎岖的山路
住着柳条小屋
保住了性命啊不儿罕山！
当仇敌袭来的时候
如遇鹰鹫的鸟雀
顺着野鹿的蹄迹
穿过险恶的小径
跑进了不儿罕山的怀抱
盖起柳条的小屋
保住了热血的性命！
不儿罕山啊
你用密麻的树木
庇护了我弱小的生命
使我这如虱的身躯
未受伤害！
护救我们于仇敌之手
保佑我们躲过劫难的
高昂尊贵的不儿罕山啊
为感激你如天的恩德
我将天天祭你月月祭你
世代相传地祭拜你！’

成吉思汗时代的大印 （蒙古国大使馆提供）

“说完，即把腰带挂到脖颈，一只手持着帽子，一只手放到胸口，向不儿罕山行了九跪九拜之礼。”

何等凄惨的声音啊！父辈留下的仇恨就这样无情地转到了铁木真的头上，就这样无情地毁掉了他刚刚建起的家和拯救家业的努力。铁木真，这位败落之族的不幸遗孤，这位多灾多难的智慧青年，这位日后的成吉思汗将怎样再去拯救被篾儿乞人毁掉了的家业呢？

再现雄威 （蒙古国大使馆提供）

伸向远方的求救之手

大众阅读版《蒙古秘史》出版后，有位朋友对我说："这本书，我一口气读完了，用时不到两天。大名鼎鼎的这部书原来就是一本恨仇循环的记录啊！"话说得虽然有些尖刻，也有点片面，但我觉得他已经深入到了历史背后一些本质性的东西。所以，我没有反驳他。于是，我们的话题很快超出了《蒙古秘史》本身。

"其实，我们人类的历史也就是一个恨仇循环的过程。"他说着，用一个潇洒的手势肯定道。

"从这个角度上说，我倒觉得我们人类的历史更应该是化解恨仇的进程。"我吸一口烟，紧盯着他的眼睛说。他摇摇头，随手翻了两下报纸："恨仇易结，不易解呀！如果都化解了，历史上就不会有那么多的你死我活，就不会有那么多的血腥战争。"他睁大眼睛，也紧紧盯着我说。

"那正是化解的过程，也是和平诞生的过程。否则……"

"否则就否则吧！这不就是鸡和蛋哪个先有的问题吗？走，我请你吃鸡蛋炒柿子！"他站起身来，下班的铃声随即也响了起来……

吃不吃鸡蛋炒柿子无所谓，遗憾的是我们的话题就这样结束了。

回家的路上，我的脚步很沉重。我反复地问自己，是不是把话说得太主流、太虚伪了？可我怎么也不能认为自己的话有半点儿的虚伪。我真是这样去认识和理解历史上的仇恨和它的走向的。

在蛮荒的年代，人类的生存条件极为恶劣，获取生存物品的手段极其笨拙。所以，生命所需的一切用品极端短缺。在这样的情况下，个体生命的行为自觉难以形成，团体人群的政治理想发育缓慢，于是生存用品的直接争夺和粗暴抢掠自然就成了人们难以克服的行为目标。这样仇恨就产生了，并且周而复始地循环开来。利益争抢的仇恨往往由个体行为引发，然后变成团体或群体的行为目标。这个时候，恨仇丛生，积怨遍地，生命以最简单的方式完成着生死的轮回。随着团体人群的政治理想开始发育，仇恨循环的形式也随即发生了变化。在这个时候，团体人群的整体利益日益显得重要起来，个体的仇恨开始被整体的利益有所忽略或有所选择了。于是，一些与整体利益无关的仇恨开始走入了化解程序，开始被具有政治意味的仇恨替代了起来。再随着团体人群政治理想的成长，仇恨越来越被政治战略所代替，而各种各样的体制、制度和获取利益的行为准则就成了化解仇恨、相互依存的根本保障。这就是我对仇恨的产生、循环以及它历史走向的简单理解。所以，我们人类的历史应该是一个仇恨化解的进程！

蒙古国古都哈剌和林遗址　（蒙古国大使馆提供）

由于，团体人群的政治理想尚未成熟，成吉思汗崛起前的蒙古草原正处在个体仇恨集体化讨报的历史时期。所以，仇恨循环的时间长，相互讨报的形式激烈，对生命造成的伤害也非常巨大。那么，蒙古草原上的恨仇循环就在这简单的层面上继续下去吗？它何时才能被整体利益所忽略或选择呢？更是何时才能被政治战略所代替呢？我们一同来观察铁木真家族与他人之间的恨仇演化。

新婚不久的妻子被仇人抢走了。无力自救的铁木真没有消沉，没有默认天命，也没有回避仇恨循环的险恶，他立刻想到了一年前用貂皮斗篷换下的重大承诺。于是："苦难中的铁木真与弟弟合撒儿、别勒古台前往土兀剌河林地，请求王罕出来相救：'趁我不备，篾儿乞人突来袭击，并掳去了我的妻子。今望罕父出兵解救！'王罕听罢，立即答道：'去年，当你送来貂皮斗篷时，我曾许下过诺言。现在我来兑现那个诺言！

为回报你貂皮斗篷的情意
我将
灭尽那可恶的篾儿乞惕人
救出你夫人孛儿帖！
为回报你貂皮斗篷的情意

蒙古骑兵首领阿玉奇像（郎世宁 选自《民族画报》）

我将
剿灭那可憎的篾儿乞惕人
救出你夫人孛儿帖！’”

真是一言九鼎的诺言啊！王罕没有食言，也没有犹豫，毅然决然地承担起了替铁木真复报仇恨，拯救家业的重任。王罕，这位执掌克烈亦惕部落生死存亡的大头领，他为何不顾与篾儿乞人为敌的危险，为何不去权衡部落和自己的利弊得失，毅然决然地承担起替铁木真复仇的重担呢？他无法推托了吗？不是。他不能回避了吗？也不是。他有重大的利益考虑吗？更不是。那么，是什么使他欣然且毫不犹豫呢？那就是草原人推崇至今的一则信条：言而有信！

西班牙人制作的成吉思汗骑马雕像
（巴拉吉尼玛 选自《民族画报》）

言而有信，说话算数，一言既出，驷马难追，这是草原人非常突出的品行之一。“蒙古人特别实在！”这是我在外出时候经常听到的一句话。蒙古人的实在主要在于纯朴、憨厚、说话算数，对信誉比对利益更重视。所以可信、可靠，所以显得实在。那么，蒙古人为什么那么实在，为什么对信誉比对利益更重视呢？这是蒙古人独有的品行吗？是其他民族所不具有的品质吗？显然不是。言而有信，严守信誉是人类进入英雄主义年代的重要产物，是人类各个民族都曾忠实推崇的行为信条。随着英雄主义时代的相继结束，人类交往的行为开始复杂起来，利弊得失的考虑开始明显起来，进而使人类交往的行为进入了患得患失的多样化时代。由于英雄主义时代在蒙古草原上延续的时间比较长，信誉为重、言而有信的信条对人们的影响比较长久，所以它就成了草原人世代相传的心灵记忆，直到现在还让他们很为实在，很为信用。但必须看到的一点是：功利化的社会必将不断冲击蒙古人的这一传统信条！

就在英雄主义盛行的年代，王罕便那样毅然决然地承担起了言而有信的神圣义务。那么，王罕将以怎样的方式解救铁木真的妻子，拯救铁木真那落败破碎的家业

蒙古国古都哈剌和林模拟图 （蒙古国大使馆提供）

呢？《蒙古秘史》接着写到：

“王罕让铁木真转告札木合：‘札木合弟在豁儿豁纳黑川地居住。从这里，我带两万兵勇出发，做右翼，请札木合弟带两万兵勇配合。相约会师的日期、地点，由札木合弟弟来定。’

“铁木真谢别王罕回到家后，马上派合撒儿、别勒古台两位弟弟前往札木合的住地，捎话说：

‘仇人篾儿乞惕突来袭击
刺痛了我的心扉
掳走了我的妻子。
可做我后盾依靠的
同族兄弟的你们啊
替我报一下仇吧！
今我伤心欲绝
请你替我报那
妻子被掳之仇吧！’

“合撒儿等又把客烈亦惕首领王罕答应出兵两万做右翼，并请札木合出兵两万做左翼的计划和请札木合决定会师之约的意图等如实转告了札木合。

“札木合听罢这些情况，说道：

‘今知铁木真兄弟
身受此般苦难
我心痛之极
我愤然之极！
此仇此恨孰可忍之
誓将灭掉篾儿乞惕
抢回我友被掳的妻子！
踏平篾儿乞惕林立的营帐
让夫人孛儿帖回到家中！……’”

叫札木合的这个人就这样带着他满腔的怒气大步走到了复仇队伍的行列之前。他与铁木真年龄相仿，是主干蒙古札答阑部年轻的部落头领。这个部落的创氏祖先和铁木真所属孛儿只斤氏创氏祖先的开世父祖就是那个反复唠叨“身必有首，衣必有领”那句话的孛端察儿其人。不同的是，札答阑部创氏祖先是父祖孛端察儿掳来之妻所生的儿子，而且是她在被掳来时已有身孕所生的儿子。所以，他们虽然不是一人之后，但也有着肉断筋连的关系。铁木真称他为“同族兄弟”的原由就在这里。札木合这个人是蒙古古代史上真正的不解之谜。他的所思所想，他的所言所行，他的出现和消失，他的才华，他的能力，他的性格与品行像一片冬日遗云永远地留在了历史的天空。多少目光深邃的学者，多少品说世界的哲人至今都对他未能做出贴切合身的公允评价。所以，也令我们不得不频频回头，再三打量札木合这个迷雾一样的人。如今，他仗义豪迈，怒气冲冲地走到了复仇队伍的前列，也开始走入了我们的视野。札木合没有辜负铁木真和王罕对他的期待，不仅答应出兵一万，而且也承担起了指挥这次武装解救行动的重任。

那么，札木合指挥的这次解救行动能够成功吗？救人心切的铁木真将会看到怎样一个情景？

重逢，在月光下

在铁木真的运作下，复仇的队伍终于组建起来了。这支临时的队伍兵力三万，由札木合指挥。在集结时，王罕和铁木真一方让札木合在集结地等待了三天。对此，札木合取笑王罕说："我们不是用蒙古语说定，要'宁可淋雨，不可失约'的吗？不是说要免掉迟到者的资格吗？"这是友好的责备，误约的王罕很是过意不去地说："误约三日，是属大过。我等甘受札木合弟弟处置。"《蒙古秘史》记载："误约之事，他们就这般笑谈了之了。"

之后，他们出发了。《蒙古秘史》接着写道："他们自孛脱罕·孛斡儿只联合出发，乘莎草小筏渡过河后直击住在不兀剌野地的脱黑脱阿别乞家门，并毁掉了其祭拜的神灵，夺取了他们的家室妻女。袭击中，他们本可活擒睡梦中的脱黑脱阿别乞，但在抢渡勤勤豁河时被这里的渔民、猎民发现，让其提前获得了消息。脱黑脱阿惊恐之际，即与兀洼思篾儿乞惕的答亦儿兀孙带几个人顺薛凉格河逃进了巴儿忽真地区。

"篾儿乞惕百姓大乱，彻夜顺着薛凉格河逃散。铁木真的联军也紧追其后通宵抢掳。铁木真穿梭在逃散的百姓中间，边走边呼孛儿帖的名字。混在人群中的孛儿帖听出了铁木真的声音，便下车与豁阿黑臣一起跑到铁木真跟前，抓住他的缰绳。在月光下，铁木真认出了孛儿帖，便下马与她相拥而见。铁木真即派人转告王罕与札木合：‘人已找到，今夜可在此收兵扎营。’”

我的手开始有些抖了，一轮草原上的明月仿佛照亮了我梦的天空，仿佛把我推入了八百多年前的那个不眠之夜。这一夜，在东方大地的这片草原上，在今俄罗斯布里亚特共和国南端的这片川地上，喊杀声、马鸣声此起彼伏，睡梦中惊醒的人们尖叫着、哭喊着，扶老携幼四处逃散着。而置他们于水深火热的那几个头人，那几个挑起事端而不敢承担责任的头人们却抛下他们逃之夭夭了。就在目睹了这全部罪恶的那轮明月下，铁木真终于和受难的妻子相见了。这一刻，铁木真怎能不倍感庆幸，孛儿帖怎能不倍感庆幸，然而有一个人却特别惶惶不可终日。《蒙古秘史》写道：

虎形塑像（蒙古国大使馆提供）

“当初，兀都亦惕篾儿乞惕部脱黑脱阿、兀洼思篾儿乞惕部答亦儿兀孙、合阿惕篾儿惕部合阿台答儿马剌三人带着三百人马进犯铁木真，目的是要报脱黑脱阿之弟赤列都的新娘被也速该抢去的旧仇。由于铁木真躲进了不儿罕山，他们绕山搜了三遍而未能捉到。所以，抓去了铁木真的夫人孛儿帖，并把她交给了赤列都的弟弟赤勒格儿。此后，孛儿帖一直住在赤勒格儿家。如今，仓惶逃出的赤勒格儿悔恨不已地哀叹道：

‘不识为命食残皮
却想吃到天鹅肉
如同卑贱的乌鸦鸟
胆敢与其去争斗
无能下贱的赤勒格儿我
不识自己命运薄
却去冒犯孛儿帖
招来灾难深又重
将毁篾儿乞惕全族众！
如今趁夜急逃命

无处躲来无处藏

只好钻进崖缝间

可惜将丢已性命

乌发头颅要落地……’”

赤勒格儿，这位懵懂的篾儿乞男人就这样带着他无尽的哀叹逃命去了。在月夜里，他逃命的蹄声是那样的急促和慌乱，他远去的身影是那样的匆忙和暗淡。然而，就是他这暗淡的身影如同一块久久不愿化去的冬冰，在日后的历史中挥发出了阵阵的寒气。由于孛儿帖被抢去后强制性地被安排在赤勒格儿家居住，所以由此引发的成吉思汗长子的身份之争不仅影响了后来权力继承的走向，也对日后的蒙古草原留下了阵阵的不和谐。

具有古代特色的一次武装解救行动就这样结束了。这是一起由父辈引发的，转而

梦（蒙古国大使馆提供）

延续到子辈身上的抢妻之仇。它由开始时的个体怒仇，逐步被篾儿乞的头人们放大成了整体的仇恨。再经铁木真绝地反击的运作，它就变成了草原上几大部落的力量角逐。篾儿乞惕，这个最先撤出部族仇杀的大战场，最早退出部族联盟权力中心的部落，因为无端地放大了抢妻这一个体的仇恨，最终招致了部众毁灭的灭顶之灾。《蒙古秘史》在总结战果时写到：

“将其杀得儿孙未留
使其家国灰飞烟灭
掳其妻女役为家奴
择其美人搂进怀抱！”

强悍的篾儿乞部落就这样被毁了。我们站在历史的这端不能不为那些无辜遭难的老少百姓心痛难忍。我们该怪罪什么呢？是仇恨吗？当然应该！是古代那种不分青红皂白的掳掠形式吗？当然也是应该的！然而，我们更应该怪罪和责备的就是那几个毫无政治思量、战略胸怀和利益取舍智慧的昏庸头人。无论是过去、现在，还是将来，一个单位、一个部门，乃至是一个民族，如果遇上如此这般的头领，大家的利益、民众的幸福怎能逃脱遭殃的命运呢？！

篾儿乞人以部落的毁灭验证了放大仇恨的错误，而铁木真则以放大同情的能力修复了被毁的家业。如今，铁木真已把振兴家业的希望粘贴到了王罕、札木合这两支强大力量的身上。那么，王罕和札木合将怎样帮助他振兴起他那落败已久的家业呢？

蒙古国色楞格省风景（蒙古国大使馆提供）

卷八　重生，在长生天下

在蒙古人的心中有一尊至高无上的神灵，那就是伴随他们走过沧桑巨变的长生天。长生天，原本是古代萨满教神灵体系中的一员，学者们称他为天神。这尊高悬在九天之上的古老神灵，经过一代代祖先们的个性化打造，终于在成吉思汗时代将他塑造成了蒙古民族命运的守护神。

在我看来，政治和宗教原本是一体同生的产物，是随着人类智慧的出现为解决生存秩序等问题而出现的一些理念和规制。后来，随着人类智慧的不断成长，其中具体，务实的部分发展成了政治，而那些虚幻、玄妙的部分则发展成宗教，浮上了人类心灵的上空。虽然这样，宗教从来没有放弃过对世俗地位的占有，同样崇信它的人们也从来没有停止过对它的理想化打造。天神，就是在这一过程中演化为长生天的。

长生天，无形无影，然而很具体；长生天，威猛无比，然而很亲切。长生天，不仅有宗教的含蓄，也有神明的威严，更有蒙古人予以添加的政治理想的光灵！那么，长生天将在草原上演绎怎样的神奇呢？

短暂的安达情

解救铁木真妻子孛儿帖的行动胜利结束了，参加解救行动的王罕、札木合就要各回自己的营地了。那么，虽有名誉上的营地，但常遭袭扰而四处漂泊的铁木真带着他惊魂未定的一家老少和几个伴当又将回到哪里去呢？

要回自己的营盘吗？那里有他父亲的足迹和童年的记忆，也有那被同族兄弟遗弃的伤痛和沦落荒野的苦难经历，更有那难以预料突来追讨的莫名仇恨。如果回去，随时可能的仇袭又将会摧毁这刚刚被护救的、尚无抵御能力的多灾人家。要留在当地吗？这里有尚未散去的浓浓硝烟和久将回响的喊杀声，也有那惨遭杀戮的无辜篾儿乞百姓深深的伤痛和挥之不去的莫名怨恨，更有那仓皇逃去的篾儿乞头人们随时杀回的危险和其家族宗亲必将寻报的仇恨冲动。如果留在当地，孤零零的铁木真一家随时都会被寻仇的刀枪所吞噬。那么，这家人该到哪里去呢？

《蒙古秘史》接着写道："铁木真、王罕、札木合三人在斡儿罕、薛凉格二河间的林地上分手。铁木真、札木合二人为一路向豁儿豁纳黑川地退去。王罕顺不儿罕山山麓，经诃阔儿秃林川，再经合察兀剌璞秃·速卜赤惕、忽里牙秃·速卜赤惕等地，边打猎边赶路回到了土兀剌河边的黑林地。"

啊，原来是这样。铁木真一家既没有回到自己的营盘，也没有留在当地生活，而是随着同族兄弟札木合的队伍，向他的营地缓缓走去了。看来，这是利弊考量的最佳结果。应该说，王罕、札木合、铁木真等对铁木真一家的下一步去向进行过认真的研究。并且经过权衡利弊的考虑，做出了铁木真一家暂随札木合行动的决定。于是，铁木真一家随札木合的队伍，向他的营地缓缓走去了。

《史集》中的成吉思汗形象 （巴拉吉尼玛 选自《民族画报》）

札木合，这位年轻的部落头人带着铁木真一家踏上了回营的路。那么，札木合将怎样完成保护铁木真一家安危的任务？而铁木真又将怎样度过客居他处、衣食无忧的清闲生活呢？他们的生存需求、利益要求能够融合到一起吗？

《蒙古秘史》接着写道："铁木真、札木合在豁儿豁纳黑川地合营驻扎，叙说旧情，增进友谊。当二人初结安答时，铁木真才十一岁。那时札木合赠铁木真一只鹿踝骨，铁木真也将一只灌铜踝骨赠给了札木合，二人在斡难河冰上打着踝骨结为安答。翌年春天，二人一起玩耍时又互赠箭器结为安答。这是二人两度结为安答的经过。

'听先世父老之言
人若结为安答
不仅己身得益
又能相互照应！

"'牢记先世之言让我们更加友好吧！'铁木真将掳自脱黑脱阿家的金腰带系到札木合的腰间，并让札木合骑上取自敌方的海骝马。作为回赠之礼，札木合也把掳自兀洼思篾儿乞惕家的金腰带系到铁木真的腰间，又让铁木真骑上了取自敌方的小白马。这样，二人三度结为安答，并在豁儿豁纳黑川地上，忽勒答合儿山前的一棵大树下备宴相庆。从此起，二人睡到了一个被窝里。"

一个多么滑稽、有趣的情景啊！两个二十多岁的男人因不断升温的友情竟睡到一个被窝里去了。对各有身份的他们二人，尤其对身为部落头人的札木合来说，这是多么的不可思议呀！这真是曾经的亲情、童年的友情、重结安答的热情，使他们忘记了年龄，忘记了身份，也忘记了地位，使他们全然回到了天真无邪的童年时代！

那么，我们不禁要问，安答是什么？做了安答就必须要睡一个炕钻一个被窝吗？在蒙古人的生活中，“安答”是人际间的一种特殊关系，它有别于亲情，更不同于恋情，它是特意构建在朋友关系之上的特殊的友情关系。它与汉族的“结拜兄弟”类似。在当今文本的解读中，“安答”是忠诚信义理念的具体体现，结成“安答”的人在彼此间必须履行“性命般不相舍弃”的义务。也就是说，“安答”关系如同是肉体与性命相依而存的关系，所以永远不能相互舍弃。这是何等神圣，多有担承的一种关系呀！如果有了这样一个关系，人生的旅程就会快乐许多的。可是，友情的肩膀会有那么大的承载力吗？是不是我们对友情的要求太有些功利了？我想这是毫无疑问的！友情，其实就是心灵与心灵的靠近，它的源头也许就是早期人类对血亲关系的一种延伸或突破，其原因应该是为了消除心灵的孤独。如此产生之后，友情这一血亲之外的和善关系便在人类的社会化生活中逐渐被扩延起来，成为了人们消除心灵孤独，增加和谐因素的一种人为努力。“安答”、“结拜兄弟”等就是在这一关系的基础上发展起来的更为紧密的友情关系。就在这友情升级的过程中一些功利的内容悄然地走进了友情的世界。再经世俗先生们的功利化宣传，这种特殊的友情关系就变成了“不求同年同月同日生，只求同年同月同日死”的荒诞关系。这是谁之过，又是谁之错呢？我们无法怪罪任何人，也无法责备欲望的贪婪，我们只能惊叹世俗功利的无孔不入！然而，友情毕竟就是友情，无论怎样的功利化打造也很难改变它心灵伙伴的基本形式，也很难使它完成超越现实的功利义务。

蒙古跤（赵志生 选自《民族画报》）

蒙古人崇尚的“安答”关系也是这样，它不可能也不应该完成“性命般不相舍弃”的义务，而应该按铁木真所表述的“不仅

蒙古大将者别（赵志生 选自《民族画报》）

己身得益，又能相互照应”的心灵伙伴的关系来把握和解读。因为这样，他们才那样天真、那样顽皮地睡到了一个被窝里！

两个大男人在一个被窝里睡觉，会是非常的滑稽和逗乐，也会是非常的贴心和温暖。同样的是，在如同抵挡风寒的被窝般抵挡着仇袭危险的札木合之力的保护下，铁木真一家的生活也会是非常的安全和稳定。充满安答情谊的生活就这样开始了。铁木真和他那饱经袭扰的家也开始过起了平静安稳的日子，尽管客居他处的生活有诸多的不自在。《蒙古秘史》接着写到：

“铁木真、札木合二人在这里亲密无间地生活了一年半。一天，二人商量迁徙事宜，并于初夏首月十六日迁出了驻牧一年的营地。当二人并肩走在车队前沿时，札木合说：

‘铁木真、铁木真，我的好安答！
靠座山坡扎营吧
好让牧马人有行帐！
找个河岸扎营吧
好让牧羊人充其腹！’

“铁木真没能听出札木合的话意，也未做任何回答，沉默无语地停了下来，等后面的车赶过来后，对母亲诃额仑说：‘札木合安答对我这样讲：

靠座山坡扎营吧
好让牧马人有行帐！
不知是否？
找个河岸扎营吧
好让牧羊人充其腹！
行来无束！

“‘我既没懂，也未做答。所以，现来请教母亲。’没等诃额仑开口，孛儿帖抢先说道：‘听说札木合安答极易厌倦，现在是否已到厌倦我们的时候了？札木合刚才的话，可能是比喻我们而说。我们不必扎营，而应彻夜前行远远地离开他札木合。’

“孛儿帖的看法得到了铁木真等人的赞同。他们彻夜前行，并顺路袭击了泰亦赤兀惕人。毫无防备的泰亦赤兀惕人仓皇而逃，即夜投奔了札木合。”

因一句模棱两可的话，亲密相聚一年半之久的两个安答就这样悄悄地分手了。没有相送的目光，没有离别的拥抱，更没有牵挂的祝福，有的只是铁木真那悄悄离去的莫名心情。札木合为什么说了那样一句模棱两可的话？而聪明绝顶的铁木真怎么就没能听懂它呢？这是一个谜题。有的人认为，这是一句阶级划分之语，认为“牧马者”指的是贵族阶级，“牧羊人”指的则是平民阶级，故推论札木合的话就是分手的暗

波斯人绘制的成吉思汗战争场面（巴拉吉尼玛 选自《民族画报》）

示。有的人认为，喜新厌旧是札木合的一贯性格，与铁木真共同生活一年半之后，他就开始厌倦了这位安答。所以，他的话有明显的逐客倾向。也有的人认为，这是极其通常的草原人关于营地选择的商量，并无明显的分手之意。更有的人认为，这是“一山不容二虎”的必然结果。

真是仁者见仁，智者见智啊！我惊叹史家、学者们的精细与高深，然而我更惊叹发生在铁木真一家身上的重大变化。那就是：铁木真在离开札木合的路上，对强大的泰亦赤兀惕部发动了突然袭击，迫使他们仓皇而逃，连夜投奔札木合。那么，不久前仍还身单影只毫无自卫能力的铁木真，刚刚还任篾儿乞人抢去爱妻而无力解救的铁木真，怎会在短短一年半的时间就有了顺路袭击泰亦赤兀惕人的强大力量？对此，我们只能说，铁木真在与札木合的安答生活中虽然得到了安全的保障，但未能找到利益的共同点，也未能融入到札木合的利益目标之中。所以，一心拯救家业，图报被辱之仇的铁木真就以札木合安答的特殊身份不断地培育和发展了自己的力量，并以他非凡的智慧和能够放大有利因素的谋略不断地扩大了自己的影响力。进而，使安答札木合进入了“请神容易，送神难”的尴尬境地。如此下来，不论札木合的话意是否暧昧，不论安答情谊如何深厚，日益有别的利益目标已将他们推入了分手而去的历史之路！

于是，一段情谊浓浓的安答生活结束了，铁木真带着他的家人，带着他刚刚培育起来的队伍向草原的深处匆匆走去了。就在这安答分手的岔路口，蒙古草原的历史也随铁木真的脚步悄然踏上了全新的发展方向！

成吉思汗

史学家们坦言，铁木真和札木合的分手是公元1181年的事。公元1181年或者说12世纪末期是中国历史上的怎样一个年代呀？从政权分布的角度说，在山清水秀的南部中国有走向衰败的宋王朝；在蓝天白云的北部中国有病入膏肓的金王朝；在沙漠绿洲的西北有纲纪趋乱的西夏国，在他的西部、西南部还有西辽国、吐蕃国、大理国等等大小不等的王朝政权。从版图变迁的层面说，自秦汉隋唐以来已趋形成的中国这世界东方一体相连的生存版图被这些大大小小的王朝政权分割得七零八落，使她已经经历了近三百年之久的割裂之痛。一方整体版图的形成是长期以来的历史进程、民生流向、生活经验、生存需求及共同的政治理想对天然存在的一体相连的生存版图进行反复确认和检验的结果。她的统一性，她整体的不可分割性，远比任何一个人、一个团体乃至一个民族狭隘的生存利益更为重要。所以，她统一一体的形态，整体不可分割的尊严应该成为该版图内所有居民的最高崇拜，也应该成为版图之内有志之士、团体组织、政治力量和民族精英们的历史自觉和行为理想。然而，在历史的那一天，各方诸侯们把本该一体的神圣版图分割成了几个大小不等的敌对王国，不仅使黎民百姓遭受了不该遭受的苦难，也把这方辽阔的版图推入了认同变异的危险之中。因为，长时间的割裂生活会在政治走向、经济运行、文化生活、风俗习惯等方面衍生缓慢的变异，进而危及人们对版图一体的历史认同。那么，中国这一世界东方一体相连的生存版图还将继续经历割裂的磨难吗？她统一一体的丰彩谁来恢复？她整体不可分割的尊严谁来再现？在12世纪末的那个年代，那些割据王朝的帝王们已经失去了这个能力，那些游移在山野的江湖势力也没有承担这份义务。同样，草原上的那些自感强大的部落和他的头人们也没有将它当做利益目标的终极追求。如今，铁木真离开札木合，向另一个方向走去了。他未能找到与札木合共同的利益目标，也未能融入他的部落体系。所以，他走了，向另一个方向走去了。他走去的那个方向是不是恰好朝向了中国版图一体统一的历史期待？是不是也让我们的目光找到了那个时代的真正主题？

成吉思汗

铁木真带着队伍彻夜前行，到天亮时才放慢了脚步。这时，在微微发亮的晨光下，铁木真看到了令他惊奇的壮观场面：在他缓缓停下来的队伍后面，还有一支长长的百姓队伍尾随而来，他们或赶着车或骑着马，驮载着帐房和全部的家当，也驮载着追随铁木真的坚定信念。其中有倾巢而至的氏族部落，也有脱离原属举家前来的百姓人家，还有抛家舍妻结伴而来的热血弟兄。这些人就这样趁夜色朦胧纷纷离开札木合投奔了铁木真。那一夜，这般投奔过来的共有二十一拨儿人。随着这些人的纷至沓来，铁木真从一个无力自保的多灾之人一跃变成了拥有一支队伍和相当数目属民的头领人物。对于短时期之内的这一变化，学者们认为，这应与铁木真的人格魅力、远大志向和他所开展的争取民心工作有关；也与札木合对属民冷暖不一、亲疏有别的待人态度有关，甚至还与某些人心怀各异的利益目标有关。学者们还认为，这更是铁木真利用宗教人士制造舆论的结果。那么，这是怎样一个事情呢？《蒙古秘史》接着写道：

"前来投奔的豁儿赤对铁木真说：'我等生自圣祖孛端察儿掳来之妻，所以，与札木合有一腹同胞之缘，本不应脱离札木合。但天神让我看到了这样的景象：一只草黄母牛走过来，绕着札木合及房车冲顶不止。经一阵猛冲，黄母牛折断了一只角，于是它边吼"还我犄角"边向札木合刨土。还有一只黄秃牛拉着一辆帐车，沿着大路紧随铁木真的后面，大声吼着：

天地相商确定
立铁木真为国主
令我前来传言！

"'天神让我看到了如此情景，所以，我过来投奔你。铁木真你若成国主，将如何回报我这预言？''若我能做国主就封你为万户长！'铁木真话音刚落，豁儿赤接着又说道：'我预言了如此重要的天下大事，封个万户长算什么。这样吧，你封我万户长的同时，再授我挑选三十美女为妻的权力！再者，凡我所言，你必须倾听！'"

好一个权色皆贪的萨满啊！他用这样一个瞬间的幻觉换取了满足欲望的可能权力。同时，不仅给极欲自强的铁木真带来了聚拢民心的神秘光环，还使他充满了对未来地位的莫名向往。天神旨意就这样一传十、十传百地传播开去，而笃信天意的人们也纷纷离开札木合，络绎不绝地来到了铁木真的身边。

成吉思汗

何等及时，多么神奇的天神旨意呀！这真是天神在暝暝中的暗示，还是人神在生活中的有意运作？我们不得而知，也无法左右他人的理解。但有一点是可能的，它也许既不是天意的显露，也不是人为的有意运作，而可能就是神职人员对幻觉现象的时政化解读！因为，人在放松、无念、静心的状态下会产生各种各样动态连贯的幻觉现象，就像一个个电视短片掠过眼帘。由于本人在20世纪80年代末的气功热潮中也痴迷地演练过放松、无念状态下的打坐，切实感受过很多美妙的幻觉。由此可见，那些时常处在练功状态下的神职人员怎能不有包罗万象的美妙幻觉。但这绝不是天意的象征或神明的暗示，而只是潜意识和形象意念的自由组合运动。所以，豁儿赤萨满所窥见的那个天机，应该是他众多幻觉中的一个，只是他把这种幻觉与正在进行的铁木真和札木合的分手联系了起来，使之演化成了预示蒙古草原政治走向的重大天机。就是这个“天机”，对铁木真跨马起程的事业带来了实实在在的吉祥之气！

吉祥之气仍在吹拂着。很快几个特殊的人物又离开札木合来到了铁木真这里。他们就是蒙古部族第一任大首领合不勒汗的后裔撒察别乞、泰出，第三任大首领忽图刺汗的儿子阿勒坛，以及铁木真的叔叔答里台等部族联盟时代的政治后裔。《蒙古秘史》就此写道：

“阿勒坛、忽察儿、撒察别乞等人商议，要立铁木真为罕，便对铁木真说：‘铁木真，我们商定要立你为罕。立你为罕后，我们将

冲锋陷阵不惜生命
掳来美女夺其宫帐
献给可汗铁木真你！
袭击征服外族百姓
掳来美女夺其战马
献给可汗铁木真你！
在猎杀狡兽的时候
将其追来供你射杀！
在捕杀野熊的时候
将其赶来供你射杀！
在围猎山鹿的时候
誓要为你
追将使它精疲力竭！
誓要为你

逼将使它气绝而亡！
在那沙场鏖战时
如违你铁般的号令
请你灭我们家门九族
使我们头颅滚落荒野！
在那安稳平和时
如违你任何的派遣
请你掳我们属民与妻女

马背行吟图

使我们流亡他乡无家归！'

"他们就这样商议、立誓，把铁木真立为可汗，号称成吉思汗。"

就这样，于公元1189年，年仅二十八岁的铁木真被人们推举成了成吉思汗。一个响亮的，历史永记的，注满风云密码的名号就此诞生了！

那么，"成吉思"是何意之词？"成吉思汗"又是哪般寓意的尊号？人们为什么冠以铁木真这样一个汗号？学者们认为，"成吉思"本是蒙古语词汇中的一个单词，因成吉思汗的出现而成忌语，其意后被淡忘。但学者们还是没有气馁，他们踮起脚尖从历史学、语言学、民俗学和宗教信仰的小窗口窥见了它可能的词意。有的说，它就是"海洋"的蒙古语表述词"亭吉思"的旧读；有的说，它是初期萨满教对天神的总称呼；有的说，它是铁水瀑布的表述词，表示勇猛和刚毅；也有的说，它本身就是纯粹、刚强、勇往直前的同义词。还有一些窥见了其他意义的，但以上几种流传最广。那些推立铁木真为可汗的人们可能寄托了其中的哪个意思呢？也许都有可能，也许另有它说。但有一点是清楚的。据《蒙古民族通史》讲，铁木真的十世先祖孛端察儿曾用"成吉思汗"名号统领过主干蒙古，所以铁木真的汗号是这一称谓的再度使用。其政治用意应该是：以先世祖先曾经的汗号，感召四处游散的百姓之心，以重振蒙古人衰败已久的神威！

愤怒的安答

有些事情的发生可以是悄无声息，也可以是无关大局，然而一个政治实体的产生决不可能落地无声，决不可能与世无争。一个由成吉思汗领导的，以其家族成员为核心，以萨满法师为顾问，以伴当弟兄为骨干的政治实体在纷乱不堪的草原上呱呱坠地了。它的出现，它的生存和它日后的发展壮大，必将影响已有的势力格局，必将影响他人的利益所得，甚至还要危及他人已有的霸主权威。所以，成吉思汗和他所领导的这一政治实体必须首先得到王罕和札木合的理解与支持，以赢取相对宽松的生存发展空间。否则，扼杀将会随时来临。于是，深谙其理的成吉思汗马上派出两路使者，向王罕和札木合通报了自己被推举为成吉思汗的情况。

王罕的表现极其大度，他对来使说："立我儿铁木真为罕，你们做得很好。蒙古人怎能没有首领呢？望你们：

牢记这共同的约定
维护这相互的友情
遵守这立下的秩序
相扶相助走到永远！"

在历史上的政治利益集团间的交往中，这是何等大度的表态呀！没有利益的要求，没有政治的忧虑，更没有复杂的战略考量，有的只是长者对晚辈的关心和祝福。王罕这一宽宏大量的态度，可能与他非蒙古族属的身份有关，也可能与当时的利益争夺活动主要在部族内部进行的常态情况有关。而与王罕的态度相比，札木合的表现则就复杂多了。

听完情况通报，札木合对铁木真被推举为成吉思汗一事未做任何的表态，只是让来人捎去了对此事的策划者一番意味深长的话。札木合对前来通报情况的二人说："回去转告阿勒坛、忽察儿二人：'你二人为何用戳腰刺肋之计离间我和铁木真安答？为什么当初我俩在一起时不立铁木真为汗？而今立他做汗又是怀了何意呢？阿勒坛、忽察儿你俩要说话算话，让我安答放心，做我安答的好助手！'"

札木合为什么不表任何的态度？他为什么责备阿勒坛、忽察儿离间了他和铁木真的安答关系？又为什么告诫他们二人要说话算话，要让铁木真放心，要做他的好助手呢？人们无数次地拷问过这个问题，也无数次地得出过同样的结论。那就是：札木合一直觊觎蒙古可汗的宝座，故对铁木真的称汗极为不满。好一个学术版的千古冤案啊！真不知在部族联盟已经解体已久，支撑可汗职位的政治构架不复存在的那个年代，札木合还能觊觎它什么呢？应该清楚的是，旧有体系已被打破，新型组合兴起正酣的那个情况下，札木合如想称汗那该是易如反掌，唾手可得。只不过，当时的政治格局已定格于札木合的

牧马人

射猎图

认知世界，泯灭了他挑战存在的本能欲望，使他习惯了当一个部落头领的权势和奢华。所以，他也不会去做拯救蒙古部族于衰微的奢侈之梦！这样，札木合的态度就不能不暧昧，不能不复杂。

一切按着它本有的规律发展着。《蒙古秘史》写道：“其后有一天，牧营于札剌麻山前斡列该泉旁的札木合之弟绐察儿从萨阿里野外劫走了拙赤答儿马剌的马群。拙赤答儿马剌见其同伴不敢去追，便只身策马连夜追到马群旁边。他趴在马鬃上，悄悄接近绐察儿后猛力一射，便使绐察儿腰断而死。这样，马群被追回来了。”

拙赤答儿马剌是成吉思汗的牧马倌，而绐察儿则是札木合的亲弟弟。一个新兴利益集团和老牌利益集团间的利益纷争终于不可避免地发生了。这样，成吉思汗精心营造的那个较为宽松的生存发展环境就迎来了第一次的危机。这个由安答情分支撑的战略环境还能继续存在吗？被杀害了亲弟弟的札木合还能为“性命般不相舍弃”的安答义务克制满腔的怒火吗？《蒙古秘史》接着写道：

“当时，成吉思汗正在古连勒古山一带驻牧。亦乞列思氏木勒客脱塔黑、孛罗剌歹二人前来急告：‘为报弟弟被杀之仇，札木合率扎答阑十三部，合为三万骑，越过阿剌兀惕山、土儿合兀的山，讨伐成吉思汗而来！’成吉思汗获此急报，即组织十三营地三万兵马，赶到答阑巴勒主惕之荒野迎战札木合。”

安答的情分终于被兄弟的情谊打败了，奢侈的耐心终于被利益的纷争终结了。当铁木真从他的属民中拉出一支队伍的时候没有恼怒的札木合，当铁木真立起山头被推立为成吉思汗的时候没有反目的札木合，当成吉思汗以安答情分赢取生存空间的时候也没有出手扼制的札木合，终因弟弟被杀怒不可遏地举起了战刀。札木合没有先礼后兵，也没有最后的通牒，直接率领所属十三部三万兵马前来突袭成吉思汗了。而对年轻的成吉思汗来说，这一变故是突然的，也可能是致命的。因为这样，他为自己的政治实体苦苦营造的生存环境被破坏了，而且对他初建的政治实体也可能带来灭顶之灾。事前，成吉思汗并不知道发生的一切，这是他的那个叫拙赤答儿马剌的部下擅自行动惹下的祸。我们无意谴责古人什么，但也不能不看到一个人，一个个体生命的行为与整体事业的盛衰成败是多么的紧密相关，也不能不看到背离战略指向的微小行为对整体利益带来的巨大损失。不论是过去，还是现在，或是未来，一个整体利益的组成人员如不把整体的战略变为自己的行为自觉，那他就会失去本体系成员的所有价值，甚至将带来反面的效应。八百多年前的那一天，那个拙赤答儿马剌就扮演了这样的角色。所以，被触怒的札木合举起战刀，带着队伍前来讨伐了！

那么，势力尚弱而毫无准备的成吉思汗将怎样应对这突如其来的打击？他和他那个新生不久的政治实体又将面临怎样的命运？

败退，但队伍在壮大着

有一首歌，在如今的草原上很为流行。歌中唱道：

因为我们今生有缘
让我有个心愿
待到草原最美的时候
陪你一起看草原！
去看那青青的草
去看那蓝蓝的天
看那白云轻轻的飘
带着我的思念……

虽然不会唱歌，但我非常喜欢这首歌曲。歌声一起，心情随即也澎湃起来，也立即升腾起陪着远方的朋友去看那蓝蓝的天白白的云的遐想。是啊，这片草原，这片正在消瘦的草原多么需要人们去深情地注视和认真地解读呀！因为，她不仅有蓝天和白云，不仅有美酒与牧歌，更有让我们蓦然回首的历史积淀。这里有匈奴的出现和消失，有鲜卑的盛兴和嬗变，更有成吉思汗绝地雄起的风云密码。比如说，成吉思汗与札木合的这次交锋，就给我们留下了至今众说纷纭的历史空间。

就在历史的那一天(1191年或1192年)，得到急报的成吉思汗仓促地迎战了札木合。《蒙古秘史》写道：

“战斗中，成吉思汗不敌札木合，被逼躲进了斡难河畔哲列捏大峡谷。见此，札木合说：‘我们已将他们逼入了峡谷，就此回去吧！’便率人马归去。途中，他们用七十口大锅煮死了赤那思氏所有青壮年，并砍下捏兀歹·察合安兀阿的头，拖在马尾后面扬长而去。

“待札木合率众回营后，主儿扯歹、忽亦勒答儿等长老率兀鲁兀惕、忙忽惕氏部众，离开札木合前来投奔成吉思汗。晃豁坛氏蒙力克父亲，跟随札木合至今，现在，他领着七个儿子也离开札木合来投奔成吉思汗。”

赤剌温

一个让人至今都迷惑不解的事情就在这里发生了。这场战斗是成吉思汗在成就霸业的征程上第一次独立指挥的战斗，史称“十三翼之战”。虽然规模不大，也非经典战例，但史家们十分重视这一战事，并把它当做蒙古族历史、蒙古族战争史上的一件重大事件来描述。为什么会这样呢？因为，一些学者认为在战斗中成吉思汗并没有败退，而是取得了胜利，他们据《史集》的类似记述得出了成吉思汗是没有打过败仗的百战百胜的军事统帅的结论。所以，有必要去做专门的介绍和分析。也有一些学者认为，成吉思汗和札木合基本上是打了个平手，虽然成吉思汗略占下风，但损失不大并在道义上占取了优势。还有一些学者认为成吉思汗虽败犹胜。这批学者的观点非常之明确，他们认为成吉思汗虽然战败了，但由于他重义气，讲情义，能够笼络人心，又能重用和提携最底层的民众，所以在战败的情况下也迎来了一帮帮的投奔人群。是啊，一个打了败仗的人为何没有品尝失败的苦果，反而收获了胜利的果实呢？败者的队伍为何没有溃散，反而迎来了众多的投奔者呢？

那么，在历史的那一天，在北方的草原上究竟发生了什么？为何一反胜者为王，败者为寇的常规，出现了胜者受损，败者获益的奇特战果？是因为札木合残暴，而成吉思汗大度仁慈吗？是因为札木合靠的是贵族上层，而成吉思汗则与民众为伍的缘故吗？也许吧，我们不可以忽略学者们寻到的试图阐明缘由的任何一种可能。但是，我们也不能不看到，在那个纷乱不堪、杀戮盛行的年代里，对以生存安全为最大需求的大众百姓来说，一个败军之将的义气和亲民会有多大的吸引力？尤其是，在那个弱势的个体生命们纷纷被一些大大小小的头人、长老和贵族们掌控的情况下，底层的百姓们怎会有任选其主的广泛自由呢？所以，我们应该看到，那个时代的聚散离合主要是在大大小小的势力集团和他们的头人之间进行的。这次也不例外，前来投奔成吉思汗的就是那些各有属民的长老和头人们。那么，是什么使这些人抛弃胜者札木合而奔向了败者成吉思汗呢？在我看来，其缘由应该就是天意的诱惑和“成吉思汗”这一神奇的名号！不论是人为的运作，或是萨满法师的偶然幻觉，选定铁木真为国主的天神之意不可能不让那些笃诚的头人们谨慎向往。在这样一个让人不能全信而又不得不信的暝暝前提下，“成吉思汗”这一旗帜般的名号就成了人们弃去札木合，投奔铁木真的最大内动力。“名称只不过是个符号而已”，这是我们常说的一句话。然而，有些符号的演化和发展是不可能用“而已”来忽略的。比如说耶稣基督，这原本是纯粹的人名，而因为他为人们建构了美妙的心灵世界，进而演化成了充满神奇之光的宗教符号，至今吸引着无数虔诚者的心灵。又比如，圣人孔子、佛教创始人释迦牟尼等等，这些曾为朴实、真切的人名，因为给人们留下了深邃的智慧或理想的天国，所以在后来的日子里就演化成了人们纷纷投其怀抱的神圣符号。同样，“成吉思汗”这一名号在古老的草原上也已完成了符号的演化过程：早在二百多年前，铁木真十世祖孛端察儿时期，被誉为天光之子的孛端察儿曾用“成吉思汗”名号统领过主干蒙古部落。随着时间的推移，也随着天光之子孛端察儿的不断被神化，到铁木真这一代时，天光之子曾经冠用的“成吉思汗”这一名号定会演化成具有强大的凝聚力和感召力的领袖符号。而且，它对深陷纷乱和落败之苦的人们，尤其对盼望复兴的大小头人们来说都会有莫名的吸引力和感召力。所以，在800多年前的草原上才出现了胜而受损，败而获益的奇特战例。

那么，收获了领袖符号之神奇功效的铁木真果真完成了从一个政治头目到政治领袖的身份转换吗？他的气度、他的胸怀、他的智慧已被提升到了领袖人物应有的高度吗？他考虑问题、处理事件、掌控全局的能力果真达到了领袖人物应有的水准吗？是的，在现实生活中，我们常常能看到一个人的行为与其职位要求大相径庭的现象。也往往会碰到角色的转换远远慢于职位升迁的尴尬。这是因为，职位的升迁可以是瞬间的，而角色或是职责能力的转换则不可能是一蹴而就的。它不仅需要时间，更需要升迁者的身心修炼。如不这样，耻笑和失误将会如影随行。那么，铁木真会例外吗？当然不可能。正当草原上的人们向成吉思汗这一领袖名下集结的时候，铁木真就显露出了尚未完成角色转换的弊端。《蒙古秘史》这样写道：“见到这些人从札木合那里来到自

孛罗忽勒

己帐下，成吉思汗高兴不已，便与诃额仑母亲、合撒儿、撒察别乞、泰出等在斡难河边的树林里举行宴会庆贺。开始，成吉思汗敬诃额仑、合撒儿、撒察别乞各一杯。接着，他从撒察别乞的小妾开头往下敬酒。对此，豁里真夫人、忽兀儿臣夫人大为不满：'为何不先敬我而先敬她？'借故鞭打厨子失乞兀儿一顿。失乞兀儿满腹委屈，大声哭着说道：'只因也速该和捏坤太石不在了，我才遭此毒打呀！'

"该宴席由成吉思汗方面的别勒古台和主儿勤方面的不里孛阔二人主持。席间，别勒古台又负责看管成吉思汗的坐骑。这时，一合答吉歹氏人从成吉思汗的马桩上盗取缰绳时恰被别勒古台抓住了。不里孛阔出面袒护盗缰者，便与别勒古台打起架来。别勒古台因酷爱摔跤，时常露右臂于袖外。于是，不里孛阔用马刀砍裂了别勒古台的右肩。别勒古台虽遭刀砍，仍不动声地淌着鲜血照料宴席。坐在树荫下饮酒的成吉思汗见此情景，前来问道：'是谁把你砍成这样？'别勒古台若无其事：'一大早就这样了。不要因为我，伤了兄弟和气！我不妨，伤得很轻。诸兄弟聚到一起不易，千万不要为我而相互怪罪。'

"成吉思汗不顾别勒古台的劝阻，折下两旁的树枝，抽出撞乳杵与主儿勤人厮打起来。成吉思汗人多势众，很快制服了主儿勤人，拿下了他们豁里真、忽兀儿臣两位夫人。主儿勤人见大势已去，便提出了重新和好的请求。成吉思汗接受了这一请求，放走了豁里真、忽兀儿臣二位夫人。"

多么戏剧性的一幕啊！举办宴席的初衷是那样的合理和正当，然而宴间的打斗又是那样的无聊和非理智。不论是老妪对敬酒礼节的挑剔，还是贼行引起的砍伤事件，比起集结力量的宴会活动，那会是多么微不足道的小事啊。如果，年轻的成吉思汗真正成了为人领袖的成吉思汗，如果他完成了从一个智慧青年到民族领袖的角色转换，那么河边树林里的那场宴会决不会有这样的结果……

我们不是常说，伟人也是人，应该允许他犯错误吗？其实，伟人们犯错误，根本由不得我们允许或不允许。那都是他们未能按着事业发展的要求及时调整角色感应的结果！那么，年轻的成吉思汗将怎样调整自己的角色感应呢？

草原雕

具有战略意义的一次出手

“该出手时就出手”，这是我们中国男人非常爱说，也非常爱唱的一句歌词。那么，什么样的手是该出的手，什么样的事情是该出手的事情，什么样的时间是该出手的时间呢？一个人的出手不能是随意的、乱来的，也不应该是盲目的、热血来潮的，更不应该是有损于事业和大局的。出不出手，如何出手，都应该服从人生与事业的最高追求！

在历史的那一天，年轻的成吉思汗在不该出手的时刻，在不该出手的事情上大打出手一次，不仅延缓了力量的集结，也给后来者留下了危险绕行的政治路标。那么，古代蒙古人那部族复兴的梦想又将破灭吗？成吉思汗又将以角色转换的不到位毁掉他事业发展的前途吗？这是有可能的。回望历史，我们会看到很多英雄豪杰在事业发展的道路上，因未能完成角色转换而纷纷败去的惨淡背影。庆幸的是，成吉思汗没有重蹈他们的覆辙，反而有意识地加速了从一个政治头目到政治领袖的转换。当公元1196年到来的时候，发生在中国北方的一大历史事件为成吉思汗带来了史诗性的机遇和挑战。公元1195年，一向与金国朝廷配合默契的塔塔儿部族突然举兵抗金，将自己与朝廷的关系推入了兵刃相见之中。为镇压塔塔儿部族的叛乱，公元1196年金国朝廷派丞相完颜襄亲率大军征讨。完颜襄丞相千里跃击，很快击溃了塔塔儿叛军。于是，被击溃的塔塔儿叛军为摆脱朝廷大军的追剿，就向蒙古部族占据的中部草原狂逃而来。对此，《蒙古秘史》是这样记述的："金国的阿勒坛罕派完颜丞相发兵讨伐抗命不从的塔塔儿部篾古真薛兀勒图。完颜丞相直捣塔塔儿腹地，并继续追击逃向浯勒札河方向的篾古真薛兀勒图之主力。"

银饰马鞍

时局的这一变化，对草原上的每一个政治实体都是一次重大的考验。他们对事态的认识、态度和反应，无异就是历史对他们政治分量的一次大体检。在那时，摆在他们面前的有几种可能的选择：一是事不关己，高高挂起，做一个轻松的历史看客；二是路见不平，拔刀相助，与塔塔儿人并肩反击深入草原的朝廷孤军；三是深明大义，承担使命，协助朝廷剿灭塔塔儿叛军。对蒙古部族和成吉思汗来说，塔塔儿和大金朝廷正是他们恨仇史上的两大仇家。所以，他们完全可以袖手旁观，做一个轻松的历史看客。但是，正当草原上的政治头目们纷纷亮出事不关己的牌子时，成吉思汗却作出了一个惊人的决择。《蒙古秘史》写道："得此情报，成吉思汗说：'昔日，塔塔儿百姓杀我父祖，是我们的世仇。为报父祖之仇，去协助完颜丞相剿杀他们！'

"如此定夺后，成吉思汗即派使者告知王罕：'金国的阿勒坛罕派完颜丞相讨伐塔塔儿人。现在，他们正向浯勒札河这边追剿篾古真薛兀勒图而来。请王罕父亲速来帮我，去迎战杀我父祖的塔塔儿人！'王罕听罢此言，当即说道：'我儿所言甚是！去迎击他们！'便在三天头上带着兵马来与成吉思汗会合。接着，成吉思汗、王罕派人邀主儿勤人撒察别乞等前来参战。二人苦等六天后，见主儿勤人仍无来意，便挥师攻向浯勒札河迎击塔塔儿人。"

就这样，一场惨烈的战斗开始了。尽管负气而去的主儿勤人未来参战，但成吉思汗在王罕军队的大力配合下最终战胜了塔塔儿叛军，活捉并杀死了他们的头目篾古真薛兀勒图。我们不知这场战斗的参战人数和具体规模，也不知双方的伤亡情况，但有一点是明确的，那就是：成吉思汗取得了这场战斗的完全胜利！

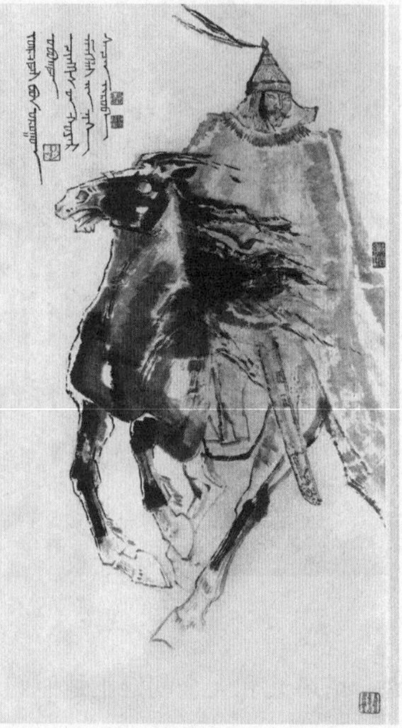

主儿扯歹

成吉思汗的胜利不仅在于军事上，更在于政治和战略上。曾记得，通过拉近与大地自然的关系，迅速强壮起来的蒙古人，在第一任大首领合不勒汗时代无所顾忌地挑起了与塔塔儿部族和大金朝廷的冲突。不仅失掉了继续发展的战略空间，也使自己陷入了不见终日的恨仇旋涡；曾记得，一任任的首领们举刀上战场，欲用热血和蛮力闯出一条不可能的发展之路，从而最终导致了自命无保，部族命运日渐衰微的悲惨情景；曾记得，部族联盟轰然散去，聚散离合了无方向，在茫然不见尽头的迷途上蒙古人踉跄连连的昨日背影；也记得，在纷乱不堪的草原上，只见各为己利的头人们相互抢掠的惨烈，而不见把部族的命运与历史的方向结合到一起的任何努力……

如今，这一切就要结束了。《蒙古秘史》写道："成吉思汗、王罕即报完颜丞相：已杀塔塔儿人篾古真薛兀勒图。完颜丞相大喜，当即封成吉思汗为札忽惕忽里，封王罕为王。……行毕封赏，完颜丞相又说：'你们帮我杀掉逆贼篾古真薛兀勒图，为大金皇帝立了大功。我一定向皇上请功，请皇上给予成吉思汗更大的恩赏。'"看吧，历史总有它自然的公平。不论当时的金朝怎样的腐朽，推动历史的能力如何的欠缺，但他们维护版图安全的努力是没错的。应该说，这是他们对历史，对东方这块一体相连的生存版图应尽的义务。就在这样一个历史的大是大非面前，成吉思汗自觉地把个人的追求和历史的方向结合到了一起，从而获得了比一场战斗的胜利大得多的丰厚回报。

我们不知，大金朝的权力体系中"札忽惕忽里"是怎样层级的官职，学者们对此也雾里看花莫衷一是。但不论是高是低，是大是小，它都代表着朝廷对成吉思汗的亲善和认可，也意味着成吉思汗由此拥有了具有朝廷背景的民族领袖身份！这样，成吉思汗的政治时空一下子海阔天空了。角色转换中的这一跨越，不仅使成吉思汗完成了从一个政治头目到政治领袖的转变，也把蒙古部族的复兴理想与历史的发展方向紧紧地结合到了一起，更为他事业的发展壮大考取了正大、合理的政治驾照。

于是，成吉思汗出发了，高举着部族领袖的神圣苏鲁锭，搜索着历史发展的必然方向出发了。尽管草原还很破碎，人心还很杂乱，利益人群的纷争也很无序，但成吉思汗就要用他的理想和抱负一一去整合了。这样，第一个被整合的就是那个只顾自己的情绪，而置部族的利益与历史需要于脑后的主儿勤人。我们不能不说，历史在草原上发生重大变化时主儿勤人的反应是愚蠢的，甚至是不可原谅的。在欢庆集结的宴会上，当主儿勤人负气而去的时候，我们无不责怪成吉思汗角色转换的不到位。然而，在剿灭塔塔儿叛军的战场上，当主儿勤人不顾成吉思汗与王罕的联合邀请拒不出兵参战的时候，我们也无不为他们历史责任感的缺乏而遗憾。尤其不可原谅的是他们继而做下的一件蠢事。《蒙古秘史》接着写道："哈澧漓秃湖曾是成吉思汗后方家眷的营地。主儿勤人趁成吉思汗出征塔塔儿人之际，偷袭了他的后方家眷，不仅剥走了五十余人的衣物，又杀死了十个人。"这样，背叛了成吉思汗，背弃了历史责任的主儿勤人就成了成吉思汗强行整合的第一个对象。成吉思汗很快征服了他们，并活捉了他们的头领撒察别乞、泰出二人。

"还记得我们从前的盟约吗？"成吉思汗问曾立他为可汗，并誓要"如违你铁般的命令，请你灭我们家门九族，使我们头颅滚落荒野"的撒察别乞、泰出二人。二人无言以对，只好说："未能履行盟誓的诺言，现在让我们兑现吧！"二人人头落地，一个被称为"拇指上有力气，肝胆里有毒汁，肺腑里有霸气，唇舌间有怒气的"主儿勤人彻底被成吉思汗整合了！

忽亦勒答儿

家园 （吴运生 选自《民族画报》）

卷九 浴血草原

一项事业绝非是一件事或几件事的简单组合。它是一种理念的行为化形态，是随着理念的延伸和升华不断持续的行为链条。一个好的理念可以开启一项事业，但它不可能孵化成事业本身，而是通过其倡导者艰辛的行为努力，它才能转化成有声有色的活态事业。之后，它就需要践行者们不断去发展它，壮大它，甚至用毕生的精力、能力，乃至用鲜血和生命使之走向最终的成功。

成吉思汗振兴家业的最初理念，几经升华已经变成了复兴蒙古部族的强力追求。如今，他不仅拥有了民族领袖的身份，也拥有了较为强大的兵马勇士，并且已经开始了政治版图的强行整合。那么，他的整合行动能够顺利进行吗？那些反对他，利益目标与他不同的部落势力能够任由他强行整合吗？

安答举起了战刀

“蝴蝶效应”不仅是自然界的，更应该是人类社会的。如同轻薄的蝴蝶翅膀能够带动气流的变幻一样，生存竞争中任何一方的举手投足都会带动关联各方的行为调整。铁木真·成吉思汗的快速崛起，尤其是他对朝廷官职的获得和由此确立的政治领导地位，不可能不引起蒙古草原政治气流的“蝴蝶效应”。

那么，面对成吉思汗的步步崛起和开始进行的强行整合，那些曾经仇视他、蔑视他，于他不屑一顾的大大小小各色不等的部落、氏族和利益团体将会作出怎样的反映呢?

《蒙古秘史》写道：“于鸡儿年(公元1201年)，以巴忽搠罗吉为首的合塔斤人，以赤儿吉台把阿秃儿为首的撒勒只兀惕人，以合只温别乞为首的朵儿边人，以阿勒赤、札邻不合为首的塔塔儿人，以土格马合为首的亦乞列思人，以绰纳黑·察合安为首的豁罗剌思人和翁吉剌惕人迭儿格克、额篾勒，乃蛮人古出兀惕、不亦鲁黑罕，篾儿乞惕人脱黑脱阿别乞之子忽都，斡亦剌惕人忽都合别乞，泰亦赤兀惕人塔儿忽台乞邻勒秃黑、豁敦斡儿长、阿兀出及属众，聚于阿勒灰不剌阿营地，商议决定推举札木合为罕，并宰杀儿马、骒马、相誓为盟。随后，顺额儿古涅河下行，行至其支流刊河岸边下营行礼，将札木合推上了可汗宝座，取号古儿罕。”

草原历史上的“蝴蝶效应”就这样产生了。在成吉思汗与王罕的间接作用下，昔日打打杀杀互不相让的这些部落、氏族和他们的头人们终于走到了一起，并且成立了跨地域、多部族的庞大联盟。

这个联盟共有12个部落成员，既有蒙古部族的，也有塔塔儿、乃蛮等其他部族的，其地域之广阔，人口之众多，势力之强大，成吉思汗和王罕是不能与之同日而语的。但是，他们的关系非常复杂，利益目标也不尽相同。其中的塔塔儿人，不仅与成吉思汗世仇加新仇，也与札木合等几个蒙古部落素有杀其先辈的旧仇。篾儿乞人的

向成吉思汗敬水图（巴拉吉尼玛 选自《民族画报》）

情况也差不多，这个最早退出蒙古部族大联盟的非常人群，在与成吉思汗有着夺妻之仇的同时，也与札木合存有切齿的仇恨。如果没有札木合的参与和指挥，当年的篾儿乞人怎能遭到袭击，怎能让铁木真抢回他的妻子呢？还有朵儿边人、乃蛮人等等，这些各为己利，自为尊大的部落、氏族和他们的头人们也无不有过相互碰撞的经历。如今，他们放弃前嫌走到一起了。他们不仅组成了一个庞大的跨部族联盟，也推选出了他们的最高领导札木合·古儿罕。

那么，“古儿罕”是个含意何为的名号？以古儿罕为首领的这个联盟又是有着怎样一个政治理想和利益目标的组织？他们将在草原的历史上演绎怎样一幕故事？“古儿”是蒙古语词汇中的一个单词，具有普遍、全体、普天之下等含义。“古儿罕”的汉译对应词就是“普天之下的可汗”。由此可以看出这个联盟要作天下老大了，他们不仅要称霸草原，还要称霸更大的天下！于是，他们开始制定行动计划了。

《蒙古秘史》写道：“将札木合推举为古儿罕后，大家便商议起讨伐成吉思汗与王罕的办法。”事情已经非常清楚了。这个貌似强大的跨部族联盟，只是一群毫无政治战略的江湖斗士。作为一个风云变幻中的力量团体，他们既不分析草原历史的风云走向，也不检讨联盟组建的政治必要和存在形式，又不构建联盟运行的体制规则，更不确定应对危机的战略策略，一经会盟就急忙做出了讨伐成吉思汗与王罕的行动选择。很显然，这不是做大事、成大业所应该的做法。然而他们很自信，据《蒙古秘史》研究专家称：“他们齐声高喊着：

‘不是说铁木真山般的坚固吗
让我们去阉割将他踩到脚下！
不是说铁木真石般的坚硬吗
让我们去击碎将他一一分下’

的豪迈誓言，踏上了讨伐成吉思汗与王罕的战场。”

札木合，这位成吉思汗昔日的安答，这位曾经救助过他，也曾经兵刃相见但也手下留过情的人，终于在一片懵懂中向成吉思汗举起了战刀！

风雨阔亦田

在一项事业的成败中总有几件关键的事情。即将开始的阔亦田之战，就是成吉思汗整合蒙古部族进程中的关键一战。

阔亦田之战是成吉思汗与王罕的同盟与札木合跨部族联盟间进行的战略大决战。开战地点是当今内蒙古自治区呼伦贝尔市奎腾河畔的阔亦田之地。我没去过这个地方，也不知它的地形地貌，更是无法想象当年双方的兵力布署和战术设计。好在学者们一直在研究这场战事，为我们提供着了解当时情况的各种可能性。

有一本名为《蒙古族古代典型战例》的书，书中对这场战争的描绘是这样的："时铁木真汗在古连勒古山，先得其岳父翁吉剌惕人德薛禅之密报。后又得豁罗剌思之豁里歹，派人来告此征伐之谋。铁木真获悉，遣使告知王罕。王罕获悉后，立即起兵，疾来会铁木真汗。

"铁木真汗与王罕会军后，两人沿着怯绿连河东进，准备迎击札木合之联军。铁木真汗以阿勒坦、忽察儿、塔里台三人为先锋。王罕以桑昆、札合敢不、必力格别乞三人为先锋，其先锋军又各出侦骑视巡还报，并向阔亦田地区疾进。札木合联军以泰亦赤兀惕部、篾儿乞惕部、塔塔儿残部，合击铁木真的北面。札木合率领其他诸部进击铁木真汗的东面，以阿兀出巴阿秃儿、不亦鲁黑、忽秃、忽都合别乞为先锋，从根河向西挺进。

双方对进，相遇于阔亦田，双方侦察兵已接触相遇。‘交绥而语，会日莫，各还大营’。双方开始布阵，铁木真汗和王罕军转移辎重于他所，依托金长城外边堡长城，迎击敌人。桑昆领其军后来，占领高地结营。这时，乃蛮之不亦鲁黑、忽都合二人认为‘彼军散漫，可骤而歼也’，率军顺风雪袭来。可是，突然大风暴变向，反吹逢迎彼军，登时天昏地暗，目眯不得进，纷纷滚下坍沟，死者甚众。趁此机会，铁木真汗命兀良孩人忽鲁浑乘风纵射，敌不能抵，战志顿馁，而齐向后退。铁木真汗与王罕分军追击。这时，札木合率师来应，以孤注一掷之情，进攻王罕军。于中道闻其西方联军已被铁木真汗击破之后，乃大叹‘天不佑我！’不顾其他诸部之战斗，而率其本部退走。为摆脱追击，抛弃所有辎重而逃，因途中断供，为解决部众之雪地缺食，行掠立自己为汗之部落，竟下令掠夺合答斤部和翁吉剌惕之牛、羊为食，引起两部落之不满而脱离札木合。王罕探知札木合单独退走，顺额儿古捏河追去。札木合在王罕军

土尔扈特部东归（林岱 选自《民族画报》）

的猛追之下，全军溃败，札木合穷途无路，只好向王罕投降。……”

还有一本叫《蒙元王朝征战录》的书，这本书的描述是这样的：“札木合同盟商议出兵的消息被豁罗剌思人火力台密报给铁木真，铁木真又一次求援于王罕。王罕即率军来到铁木真的驻地古连勒古山与其相会，他们合兵一处，顺怯绿连河而下。当铁木真和王罕联军的先锋部队抵达兀惕乞牙，准备扎营下寨时，得到瞭望前哨的报告，札木合同盟军的先锋部队也已到来。双方因天色已晚，即约定明日会战。

“次日，双方对阵于阔连湖与捕鱼儿湖之间的丘陵地阔亦田，沿着山坡‘或上或下，相移纷聚，各整其队’。交战之前，札木合同盟军的先锋自认会施法术，能呼风唤雨，刮向对方，他们祭起札答石念念有词，果然风雨大作，却偏偏反而扑向自己一方，风雨如箭，寸步难行。札木合同盟军无法顶风冒雨爬山作战，有许多人从高处摔了下来，他们认为‘天不佑我’，队伍大乱，纷纷溃退。同盟军败退，札木合作为盟主非但不组织策应救援，反而趁势掠夺同盟部落百姓的财务，然后顺着额儿古捏河逃走了……”

又有一本名气很大的书，叫作《成吉思汗与今日世界之形成》。书的作者是美国人杰克·威泽弗德，他说自己是在用一个夏天的时间沿着突厥部落在古代迁移的路线行走的基础上，检阅“十二种语言的最重要的第一手和第二手”文献资料而写成这本书的。有人说，这是关于成吉思汗的最好的图书之一，这本书对阔亦田之战是这样描述的：

“当札木合的军队与客列亦惕人为敌的时候，王罕和铁木真显然具有人数上的优势。铁木真成员中受人尊重的萨满巫师所具有的心理优势，加强了他的地位，特别是在一场雷电交加的大暴雨突然降临之后，双方都认为这归因于上述萨满巫师的魔力。札木合的部众惊恐地逃散了，这迫使札木合撤退。王罕让自己的部众去追逐札木合及其主力部队，并且命令铁木真去追击正向斡难河方向逃窜的泰亦赤兀惕人……”

类似这样，试图还原阔亦田之战真实情形的著述还有很多。其中，与可能的历史情形偏离最大的就是杰克·威泽弗德先生的这本书了。看起来，先生走的那条“突厥部落在古代迁移”的路未能使他踏上13世纪蒙古草原的风云之程。

那么，草原历史上的阔亦田之战究竟是一场怎样的战事？《蒙古秘史》写道：

“两军会合后，成吉思汗与王罕商定，要迎击札木合，便率人马向客鲁涟河下游进发。与此同时，成吉思汗派出了阿勒坛、忽察儿、答里台三人为一组的先锋，王罕派出了桑昆、札合敢不、必勒格别乞三人为一组的先锋。在先锋的前面又派出了几组前哨，一组部署在附近的归列秃一带，一组部署在稍远的彻克彻儿一带，一组部署在更远一点的赤忽儿忽一带。当成吉思汗派出的一组先锋赶到兀惕乞牙一地准备下营时，从赤忽儿忽前哨传来了敌人将至的消息。得此报告，阿勒坛等先锋们欲探更为准确的敌情，改变计划，连夜前行，不久便与敌方先锋迎面而遇。经大声相问，便知他们是札木合派出的先锋蒙古部阿兀出、乃蛮部不亦鲁黑、篾儿乞人脱黑脱阿别乞之子忽都和斡亦剌惕部忽都合别乞四人。双方先锋相见，见天色已晚，决定第二天开战。于是，成吉思汗的先锋赶回大营休息。

“次日，双方在阔亦田一地对阵。双方或上或下移动，各自布阵。不亦鲁黑、忽都合二人精通札答之术，能向对方阵地刮狂风，下骤雨。当二人摆开架势施起妖术时，狂风骤雨却肆虐了他们自己的阵地。见满地泥泞，无法行走，他们大呼：‘天怒我也！’随即溃散而去……”

让学者、研究家们苦思冥想，努力去勾勒厮杀情形的阔亦田之战就这样结束了。从《蒙古秘史》的记述中，我们看不到札木合从北面和东面合击成吉思汗与王罕的兵力部署，也找不到桑昆领其军，占领高地结营的具体线索。《蒙古秘史》说得很清楚，两军是在相互开进中不期而遇的，在互不掌握对方行动计划的前提下很难进行有针对性的兵力部署。所以，他们只好在开战的当日“或上或下移动”，看着对方的动作，调整着各自的阵形。布好阵形后，激烈的厮杀就应该开始了。但就在这个时候，跨部族联盟先天不足的政治缺陷突然暴露出来了。面对布阵已就的成吉思汗与王罕，那些说大话说空话的头人们，不仅突然发现了自己的珍贵，也不愿冲锋陷阵牺牲自己了，于是，匪夷所思地施起了呼风唤雨的法术。随着一场并非唤来的暴风骤雨，他们找到了摆脱战阵的好理由——“天怒我也”。这样，阔亦田之战就以不战之战的形式结束了，跨部族联盟随即烟消云散，蒙古草原从此进入了成吉思汗与王罕双雄的时代！

法国人眼中的成吉思汗（巴拉吉尼玛 选自《民族画报》）

恩怨苦涩情

一阵暴风骤雨，一场不战之战，阔亦田之战永远地结束了。我欣赏学者、研究家们还原战场情形的种种努力，更有兴趣倾听古今人们关于那个用来呼风唤雨的札答之术的解读。有古人曾经说："蒙古人有能祈雨者，辄以石子数枚，浸于水盆中玩弄，口念咒语，多获应验。"在我们民间也有许多类似的说法。怀旧的人们虽然知道有些荒唐，但他们还是愿意相信这是曾经的真实，于是就感慨，就发出文化习俗遗失殆尽的哀伤。其实，我们大可不必这样哀伤，因为人类是不会遗忘有益于生存的任何一种习俗，只要历史不断层，人类忘记的只会是那些无需保留的陈风旧俗。比如说蒙古人的正骨术，虽然显得有些神秘，但人们不仅没有遗忘它，反而不断用它解除着更多人的痛苦。所以，人类记忆的原则是明确的，它不一定按着我们的某些意愿改变其宗旨！

蒙古草原的风云走向也是如此，当成吉思汗的同盟占尽了生存与发展的历史方向，占尽了政治与战略的合理理由时，跨部族联盟就不会有顽强坚持的存在基础了。于是他们匆匆集结，又匆匆散去了。接着，成吉思汗的同盟就跨步进入了新一轮强行整合的征途。

当跨部族联盟的札木合·古儿罕退出阔亦田战场，"洗劫立其为罕的百姓后，朝额儿古涅河下游退去"时，成吉思汗同盟的王罕即掉转马头尾随追去，最后降服了历史风云变幻之中麻木已久的札木合这个人。就在这时，成吉思汗也毫不懈怠，尾随溃退的泰亦赤兀惕人向斡难河方向追击而去了。在存在形态的转换中，一方存在的消失必将影响另一方的存在形式。跨部族联盟消失了，成吉思汗与王罕的同盟还能如旧吗？如今二人分头追敌去了，让我们跟随成吉思汗一步步地观察事态的后续发展吧！

溃退的泰亦赤兀惕人回到大本营时，成吉思汗的队伍也尾随而至了。于是，双方的生死决战就在斡难河的彼岸打响了。泰亦赤兀惕部落和成吉思汗家族的乞颜部落曾经是何等亲密的兄弟呀，他们曾经并肩参与蒙古部族的第一次奋起，又共同承担过因战略失误导致的惨痛代价。当部族联盟的成员纷纷逃离恨仇战场时，他们曾经以两个部落的组合苦苦支撑过部族联盟的政治构架，也曾以鲜血和生命联手抗击过塔塔儿部族与金朝的打击。只因也速该的殒命和部族联盟的解体，泰亦赤兀惕人变心了，他们不仅没有照顾好铁木真孤儿寡母一家，反而视他们为累赘狠心地遗弃而去。之后，又怕铁木真长大报仇，将他抓去无端折磨，好在锁儿罕失剌一家的介入未能酿成更大的悲剧。如今，泰亦赤兀惕人不仅不考量历史的走向，又组织起旨在消灭成吉思汗的联盟。不料，一阵风雨，联盟消失了，泰亦赤兀惕人只好选择生死决战了。

《蒙古秘史》写道："两军相遇，激战骤起。双方肉搏至傍晚，难分胜负，便就地扎营过夜。躲避战乱的百姓们乱作一团，也与战士们一起扎营过夜。"多少恩怨多少情，多少往事多少梦，就在这一天，就在这一刻，化作了战刀砍去的力量，化作了利箭射出的愤怒。英雄们奋力地搏杀着，无悔地倒去着，成吉思汗也未能幸免。《蒙古秘史》接着写

胡服骑射 （选自《民族画报》）

道："在当天的鏖战中，成吉思汗颈脉受伤流血不止，傍晚时疲惫不堪地留在了战场上。者勒篾守在成吉思汗身旁，用嘴吸着凝固在伤口中的血块，满脸涂血，不信他人，独自守到深夜。经者勒篾大口大口地吸出淤血，半夜后，成吉思汗慢慢地恢复了知觉，开口说道：'我血已干，现在渴得厉害！'一听此言，者勒篾脱掉鞋帽衣服，只穿内裤，赤身跑进敌方营地，爬上后面的民用小车寻找酸马奶。但因逃散的民众未挤马奶而没能找到。找不到酸马奶，者勒篾转而抱上一坛奶酪回来了。来去两趟路，者勒篾没被任何人发现，真可谓苍天保佑了！者勒篾搬来奶酪后，又去找来一些水，兑到奶酪里，给成吉思汗喝了下去。'感觉好多了！'成吉思汗间歇三次喝完兑水奶酪后，边说边起身坐起……"

没有随队的军医，也没有萨满巫师，这个叫者勒篾的人竟用赤胆忠心和不可思议的方式救活了任何可能都会有的成吉思汗。

统帅受伤，队伍散落，这叫胜利还是失败？有人告诉我，这既不是胜利，也不是失败，这是直面肉搏战最困难的时刻，谁能坚持，谁就可能是最后的胜者。真是说对了，《蒙古秘史》接着写道："天已大亮，又一个白天开始了。人们发现，在这里下营过夜的敌方人马已在夜里逃了个精光。而扎营过夜的百姓们因无法随军退去，仍停留在这里。去收拾那散民百姓吧！成吉思汗从过夜的地方起身前去……"

成吉思汗征战图 （巴拉吉尼玛 选自《民族画报》）

坚持就是胜利啊，成

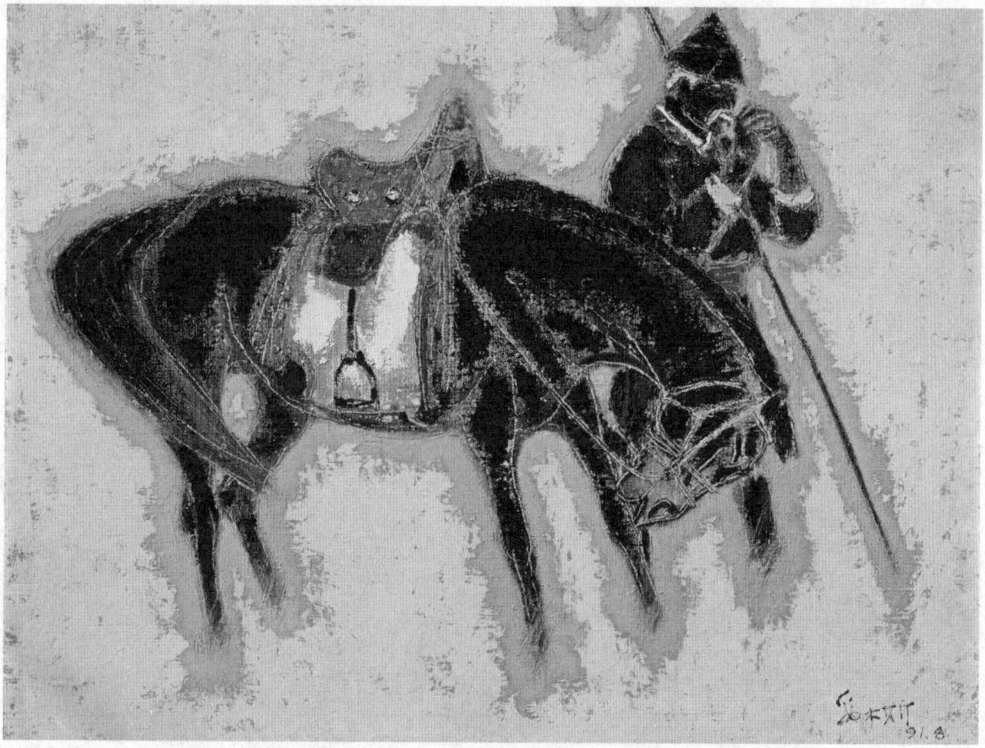

点烟的老人 （妥木斯 选自《民族画报》）

吉思汗以“我血已干”的代价，终于收服了恩怨已久的泰亦赤兀惕部落，将蒙古部族这一重要的部落整合到了自己的政治版图之内。

不知王罕对札木合的征服是福还是祸，而成吉思汗对泰亦赤兀惕的收服绝对是惊喜连连的收获。他的第一个惊喜是：见到了曾经的恩人锁儿罕失剌一家。《蒙古秘史》写道：“当他们正清理散民时，有一红衣女人大声哭叫：‘铁木真！铁木真！’成吉思汗颇感意外：‘谁的女人，如此哭叫？’便派人前去探问。见来人问话，那女人说：‘我是锁儿罕失剌之女，名合答安。你们的人抓走了我的男人，并要杀他。我是喊铁木真来救我男人！’成吉思汗一听此话，随即跃马前去，紧紧抱住了合答安。但就在此前，她的男人已被大汗手下杀掉了……”就这样，在泪花与血光里成吉思汗与阔别已久的恩人一家团聚了。

成吉思汗的第二个惊喜是遇见了一个叫者别的，终生伴随他冲锋陷阵的著名战将。《蒙古秘史》的描述是这样的：“成吉思汗转而对者别说：‘我们在阔亦田一地鏖战时，是谁从山头上射来一利箭，射伤我战骑口白黄马的脖颈？’者别答道：‘那射箭的人便是我。’”

者别怎能不记得这一箭不是在阔亦田，射伤的也不是口白黄马的脖颈，而是就在昨天，射伤的恰恰就是成吉思汗的颈脉。同时，他也怎能不知道这一箭可能带来的灭顶之灾。但他没有推脱，没有隐瞒，没有撒谎，而是选择了坦诚的表白和勇敢的承担。他说：

“您若欲想杀掉我
请您举起大战刀
尸首倒下血巴掌
腐烂散去能几日！
您若赐我一条命
我将倾尽毕生力
冲锋陷阵走在前
为您踏平山水险！
誓让河水翻起浪
誓让坚石碎成粉
戳破敌人肝和胆
为你立功又立业！”

不是说千军易得，一将难求吗？不是说人才难得吗？其实，人才对事业的需求，事业对人才的需求，都有其自己的规律和特点。不仅打天下与治天下所需的人才类型是不同的，就一项事业不同阶段的人才需求也是不同的。所以，精确把握事业发展的需求，准确配备类型适当的人才，不能不说是一个领导者必须具备的职业素养。正在打拼天下的成吉思汗没有恼羞成怒，他若有所思地说：“作为敌对之人，都会隐瞒自己的害人行为。可你毫不隐瞒地讲出了自己的害人之事。你这人可交啊！”从此，一个叫者别的率真、骁勇的无敌战将就走入了成吉思汗创就大业的核心行列……

忠义青年纳牙阿

惊喜还在继续……

丢下百姓属民，精光逃去的泰亦赤兀惕兵勇们，显然不是有组织地撤退的，也没有再度集结，而是趁夜色各自逃命去了。新的一天开始后，那些一朝成为散兵游勇的人们纷纷向成吉思汗归降过来。逃出的兵勇中有个叫失儿古额秃的老人，他有英雄模样的两个儿子，小的叫纳牙阿。看来，失儿古额秃老人很有点头脑，他想搞一点特殊，想在这个时候获取一点什么，于是策划了一起特别的绑架。

《蒙古秘史》写道："失儿古额秃与其两个儿子阿刺黑、纳牙阿一起捉住了躲藏在密林里的泰亦赤兀惕首领塔儿忽台乞邻勒秃黑。由于他过于肥胖不能骑马，失儿古额秃父子就把他绑在车上送往成吉思汗营地。"这是一个多么贵重的礼物啊！塔儿忽台，泰亦赤兀惕部落的这位头人，这位胖得无法骑马的肉敖包，成吉思汗有多少恩怨需与他了却，有多少旧账需与他清算，有多少愤恨需向他发泄啊！可是纳牙阿他们能将他顺利押送到成吉思汗面前吗？《蒙古秘史》接着写道："得知此事，塔儿忽台乞邻勒秃黑的弟弟们、儿子们急速赶来解救。见他们直追而来，失儿古额秃老人便把胖子塔儿忽台乞邻勒秃黑仰面推倒后，骑在其肚皮上拔出了腰间的快刀，对着他的喉咙大声说道：'你的弟弟们、孩子们要抢你回去。如今，我虽然没有杀害你，但因冒犯自己的君主，也会被杀死的。还是一命还一命，你来做我的垫背吧！’”

不好，老人就要撕票了！古代草原上的一场政治绑架就要以两败俱伤结束了。“见此，塔儿忽台乞邻勒秃黑哭喊着对其弟弟们、孩子们说：‘失儿古额秃要杀死我。他若将我杀死，你们抢回一具死尸又有何用。趁他未杀之前赶快回去！铁木真不会杀我的。当铁木真被遗弃在野外荒地时，我见他目光炯炯、神色不凡，便领到家里像调教野驹般地调教过他。那时，我虽能轻易将他杀死，但我还是以宽厚之怀抚养了他。我想，心如明镜的铁木真肯定记着我这份情义的。他不会杀我！弟弟们、孩子们，快快回去，要不失儿古额秃会杀了我的！”不愧是一个部落的头领之人啊，在关键的时刻还是做出了稳定事态的决定。于是，他的弟弟们、儿子们按照塔儿忽台的意思掉转马头撤回去了。

险情解除了，但这起政治绑架仍还继续着。在古代草原的风云变幻中，这是一起怎样的事件呢？是头领塔儿忽台失尽民心的反映吗？是民心顺向成吉思汗的表现吗？是草原上的百姓们不堪纷乱、渴望统一的举动吗？其实哪个都不是！这仅仅是我们人类生活中仍还存在的政治投机心态的又一种表现而已，是应被成熟的政治家挥手鄙弃的小动作。那么，失儿古额秃老人能够辨明这份事理吗？他那两个涉世未深的儿子能够看出事件背后的危情吗？《蒙古秘史》接着写道：“待他们走远之后，失儿古额秃躲在一边的两个儿子阿剌黑、纳牙阿回到了父亲身边。失儿古额秃老人与两个儿子走到一起后，押着塔儿忽台前行到一个叫忽秃忽勒的地方。在这里，纳牙阿说：‘如果，我们把塔儿忽台押到成吉思汗那里，成吉思汗肯定嫌我们是冒犯首领的不忠不仁的贱民，不仅不会接纳我们，反而会处死我们的。我看不如这样，先放塔儿忽台回家

以萨满为题材的工艺品｜（选自《民族画报》）

去，然后我们去投奔成吉思汗，并要对他说：现在，我们为您效力而来。本来我们捉住了塔儿忽台，但不忍心把自己的主人押送到这里，所以，在半路上又把他放了回去。自己前来投奔您了！’失儿古额秃父子赞同纳牙阿的看法，就地放走塔儿忽台后，一路急行走到了成吉思汗的营地。”

以萨满为题材的工艺品Ⅱ
（选自《民族画报》）

终于可以舒一口气了，古代草原上的一个非分之念在没有酿成恶果之前终于消去了。其实，按着生命本分的需求做人做事并不需要太多的学问，需要的却是一颗远离投机的平常心！在历史的那一天，年轻的纳牙阿把握住了这一点，使自己和父兄三人回到了本来的形态之中。这样，他们三人觐见成吉思汗，并把事情的经过如实地讲述了一遍。成吉思汗听罢说道：

“你若捉来
自己的主人塔儿忽台
我将以犯上刁民罪
灭绝你们的全家族！
今你不背弃旧主
忠心可嘉
准在帐下做事！”

看吧，事情果然如此！如果他们没有守住生命本分的需求，没有守住自己一颗平常的心，滚滚落地的可能不只是三个人的头！好在一切正常，成吉思汗不仅接纳了他们，而且对纳牙阿的忠义之心欣赏有加，并把他安排到了军中的重要岗位上。

惊喜就这样继续着，成吉思汗政治版图的整合活动也就这样继续着。不久，成吉思汗迎来了一位特殊的投奔者。这个人叫札合敢不，是成吉思汗亲密同盟王罕的弟弟。《蒙古秘史》写道：“此后，成吉思汗在帖儿速惕驻扎时，客列亦惕人札合敢不前来投靠了他……”

蒙古国科布多省岩画 （蒙古国大使馆提供）

恨仇路尽

对于蒙古人，对于成吉思汗，对于史学家们来说，塔塔儿人永远是个沉重的话题!

蒙古人为什么说起塔塔儿人就有小心翼翼的表情？塔塔儿人又为什么说起成吉思汗就有讳莫如深的感觉？史家、学者们又为什么在成吉思汗与塔塔儿人的问题上总是左右为难，欲言又止？

导致这一后果的就是即将发生的一件大事。这件大事就发生在成吉思汗政治版图的整合过程之中。

对塔塔儿部族的整合，是成吉思汗继对泰亦赤兀惕部落进行整合后的又一次大规模的整合。那年是公元1202年。成吉思汗决定对强大的塔塔儿部族进行强力整合。《蒙古秘史》写道："狗儿年秋天，成吉思汗在答阑捏木儿格一地大战察阿安塔塔儿、阿勒赤塔塔儿、都塔兀惕塔塔儿等劲敌之前，颁布了一条严格的战事军令。其中规定：在讨伐敌人时不准贪图财利而延误战机。因为，敌人被征服后，财物将归我们所有，我们随时都可以处置它。如在战斗中需要后退，兵士们则一定要回到出击时的位置。若有不回者一律处死！"

被史家、学者们津津乐道的军事改革措施就在出征塔塔儿部族前夕颁布实施了。有的学者认为，这是一个带有根本性的改革，它不仅改变了长期支配草原生活的一些惯例，也加深了更多的人对成吉思汗的忠诚度。也有的认为，这是成吉思汗着手改变战争目的的努力之一，也是加强可汗对军队统一指挥权的重要举措。事情也许就是这样。一件大的事情必将引发一些大的变化。征讨塔塔儿部族，对成吉思汗和他的政治实体来说绝对是一项具有历史意义的大抉择。塔塔儿，这个强大而善战的古老部族，不仅是成吉思汗家族的世仇，也是本轮次蒙古高原政治版图整合中举足轻重的一大板块。作为整合运动的主导者，成吉思汗和王罕虽然没有进行针锋相对的圈地竞赛，但他们怎能不知政治版图每一寸扩张的重要性。所以，当王罕忙于收拾札木合势力及篾儿乞部落之际，成吉思汗不无思考地挥手指向了塔塔儿部族。然而，塔塔儿部族毕竟不同于蒙古本族的某一部落，他们不仅属于异族他部，更是被认为“以他们人数之多，他们彼此同心同德而敌对，那么乞台人等其他民族以及任何一种生灵，都不能同他们对抗”的强大人群。所以，成吉思汗颁布的两条战事军令应该是为完成此次整合而采取的具体措施。那么，一个部族对另一个部族的整合，仅靠军事方面的准备就可以完成吗？

刻鹿石柱 （蒙古国大使馆提供）

《蒙古秘史》写道：“军令颁布后，即在答阑捏木儿格战溃塔塔儿诸部，并追击至兀勒灰失鲁格勒只惕一地后消灭了他们。……消灭塔塔儿，降服其众百姓后，成吉思汗召集自己的亲族成员就如何处置其家国百姓一事进行商议。”看吧，随着军事行动的胜利，此次整合计划的仓促和不周毫无遗漏地暴露出来了。整合绝不等同于征服，也不可能用征服的手段来完成。征服是统治权力的简单扩张，而整合是统治权力、政治理想、生存秩序、历史责任的综合延伸。征服是超越版图的行为，而整合则是对天然一体生存版图进行的重新组合。对成吉思汗和他的政治实体来说，塔塔儿部族和他们所居住的呼伦湖、贝尔湖地区只会是整合的对象。所以，在他们的行动方案中，除了军事方面的安排外，还应该包括组织整合模式、百姓安置方法、利益一体结构等诸多内容。由于这些预案的缺失，胜利后的成吉思汗就遇到了更大的问题。这些抗争过，但现在已经降服的塔塔儿人究竟如何处置？他们的属民百姓究竟如何安置？面对一队队，一群群等候处置的塔塔儿人，成吉思汗不知所措了，于是召开亲族会议进行商议。当领袖的智慧出现故障时，他那刚勇的血亲们能够提出更睿智的建议吗？仇恨焚毁了理智，于是一个荒唐的决定就昭然出台了。

《蒙古秘史》写道："商议时大家说道：

'害我父祖的仇人
就是这些塔塔儿人
为报我世仇家恨
应将其永绝于世！
要以车轴当量尺
足此度者绝杀之
分其妻女与家小
当做咱家看门奴！'"

石人像　（蒙古国大使馆提供）

没有整合的方案，没有接容的措施，曾经的仇恨使成吉思汗这一冉冉上升的政治实体懵懂地向塔塔儿男人举起了屠刀。然而，事情总有一些特别，总有一些蹊跷，也总有一些在整体的昏沉中保持清醒的人。比如说，成吉思汗的同父异母弟弟别勒古台就是这样的一个人。我不敢妄论别勒古台睿智如何，但我很难忘记童年的别勒古台未因同母哥哥被射杀而记恨成吉思汗的冷静，也很难忘记在成吉思汗欢庆集结的宴会上，被对方人员砍伤肩胛骨的别勒古台为维护大局的和气，力劝成吉思汗勿去打斗的大局主义。而如今，当一起不该的屠杀就要发生时，别勒古台又一次以他鲁莽的失误改变了事件的形态。《蒙古秘史》接着写道："这般商议决定后，大家出门散去。塔塔儿人也客扯连见大步走过的别勒古台，问：'你们商议了什么话？'别勒古台说：'要把你们塔塔儿男人一一用车轴量身，决定将身高超过车轴的全部杀掉！'

"也客扯连听罢别勒古台所说，便通知塔塔儿众百姓。塔塔儿人遂立起寨子抵抗。为攻破塔塔儿人筑起的这一防御工事，成吉思汗付出了很大的代价，损失了不少兵士。当成吉思汗的兵勇勉强攻占塔塔儿人聚集的寨子，将其一一用车轴量身处决时，塔塔儿人高呼：'既然要死，那咱各来一个垫背的！'便抽出藏在袖中的刀子展开了激烈的拼杀。为此，成吉思汗又损失了很多兵勇。"

一场赤裸裸的种族屠杀计划，就这样在别勒古台的不慎言语中演化成了短兵相接的格斗，演化成了你死我活的拼杀。拼杀中，塔塔儿男人们英勇地战死了，他们本来是不该死的勇士和臣民，但在那样一个年代，在草率和混乱中，一个个英勇地战死了。他们没有像无语的绵羊，一个个被拖去宰杀，他们像斗士，倒去时坚强守护了生命的光荣！

一次预案不周的整合就这样混乱不堪地结束了，成吉思汗的政治版图从此扩展到了蒙古高原东部的广大地区。对于成吉思汗的这次整合行动，有人认为，成吉思汗对被征服者施行了灭绝性的处理，也有人说那是灭绝种族的屠杀。同时，还有人认为，成吉思汗根本没有必要也不可能把分布在今以呼伦湖为中心，跨中俄蒙三国的辽阔地域里的数十万塔塔儿人全部召集起来杀死。多么可怕的结论，多么勉强的袒护啊！在评价这一事件的时候，我们怎能把整合看成为征服，怎能把计划看成为结果，又怎能忽略因别勒古台泄密而演化成的格斗与拼杀。所以，在我看来，这是一起预案不周的整合带给生命的灾难！由此，我们理应埋怨和责备成吉思汗，但没有必要用莫须有的言辞亵渎我们自己的认知！

成吉思汗与四骏四狗图（巴拉吉尼玛 选自《民族画报》）

女色，生命建设的本分与奢华

生命是美丽的，生命建设的工程是我们人类世界最伟大的工程。我们可以毫无夸张地说："自有人类以来的一切工程都是生命建设工程的必然成果！"

为使生命得以存延，我们远古的祖先学会了获取滋养的种种办法，于是我们这个世界就有了狩猎、渔猎、游牧、农耕等神奇多样的生活模式；为使生命得以安康，我们智慧的祖先发明了医治病痛的各种手段，于是我们这个世界就有了中医、西医、蒙医、藏医等蓬勃发展的医学诊疗事业；为使生命体面光彩，我们心灵手巧的祖先开创了遮体饰身的缝制技术，于是我们这个世界就有了万紫千红的服饰制作行业；为使生命得以生息安居，我们勇于开拓的祖先创就了遮风挡雨的筑巢办法，于是我们这个世界就有了拔地而起或横空四展的建筑行业……

除了物态的建设之外，生命更有其精神与心灵的建设内容。因为生命是孤独的，所以宗教寸步不离地陪伴着她怯懦的灵魂；因为生命是茫然的，所以政治或制度昼夜不分地规范着她行为的秩序；因为生命是枯燥的，所以文学和艺术竭尽全力地愉悦着她烦躁的心灵；因为生命是苦难的，所以哲学以高深的智慧为她探寻着解放的途径……而这宗教，这政治，这文学艺术或哲学等等就是根据生命建设的需要创建起来的心灵化工程系列。

看吧，神奇的生命，万象之需的惟一根源，人类历史一切建设的俯首方向！只因你的存在，我们才有了万象更新的美丽世界；只因你的存在，我们才胆敢断言，乞今为止的人类历史就是一项尚未竣工的生命建设工程！

生命建设的工程是如此的恢弘，如此的绚丽多姿，其每一项内容都有其令人震撼的故事。但古往今来最具吸引力，最使人窥探不止而百听不厌的却是她那性爱内容的建设故事。因为，性爱不仅仅是生命繁衍的需要，更是与生命原动力有关的复杂现象。所以，开化起来的人们在分享它的同时，也用抑制不住的好奇去探究和解读它的究竟。于是，一个个脱离了生命建设意义的性爱之说像草原上四处奔跑的小兔纷纷出现了。有的人认为，性爱是生命的原动力，主张给予彻底的解放；有的人认为，它是“禁果”，不能随便偷吃；也有的人认为，它是“销魂”的利刃，应避而远之；更有的人认为，它是万恶之源，主张人类应超脱其诱惑等等。就在这本为生命建设内容之一的性爱被换作用生命去构筑的课题时，它的名称就涅槃成了爱情。于是，就有了爱情是文学创作永恒主题的、通行全球的美丽口号，和数不胜数的、令人感动的贞洁美丽的爱情故事。

真是令人惊叹啊！我们人类就是有这样发达的智慧和创新的能力，竟能把本为生命建设的内容移植到想象的土壤里，且能把它培育成用来生命去建设的美丽命题！

生命建设的性爱内容就是这样被演化开去的，而且定将被我们后续的人类继续去演化和提升。然而，无论怎样去演化，也无论被升华成何等的美丽与浪漫，我还是愿以生命建设的命题去

也遂合敦

认识它，解读它！也许我是迟钝的，甚至是愚拙的，但人类的性爱生活让我感悟到的就是这样一种形态。因为，繁衍是生命最大的本能，所以两性的结合是它无法省略的环节。然而，在人类化的社会中人们不可能用禽兽的方式去实现它，于是它就不可避免地转化成为生命建设的一大内容。我们无需回顾母系氏族时代的性爱形态，而从父系氏族公社时代起，我们就能看见生命建设的性爱内容被男子所主导和追求起来的漫长历史。由于生产劳动不断地确立和巩固着男人们的社会地位，作为性爱生活另一半的女人们就被推入了自身价值被异化的生存怪圈。于是，在男权主导的社会中，女人们在承担生命繁衍的任务外，还被异化成了会说话的财富、可以馈赠的礼品、政治权力的饰物等各种不该的角色。这样，本该对应而存的性爱对象——女人们，就成了那些权贵男人们生命建设追求奢华的美丽饰品。我们怎能忘记那些已经遁迹冥冥的历史权贵们，他们虽然在身为百姓时就已有了生命建设所本应的性爱伙伴，但随着腾达他们还像当今的贪官放手敛财一样纵情猎取四方女色的一个个故事；更怎能忘记那些自命天子的帝王们的欲霸天下美色的一幕幕荒唐。应该说，他们怎能不知两性搭配的本该模式，只是权势和财富膨胀了他们欲罢不能的美色欲望。

也速干合敦

毫无疑问，这是一个畸形的奢华，然而东方的权贵男人们似乎认为这是天经地义的事情，于是一个胜过一个地猎取着天下的美色。腾达起来的成吉思汗也毫不例外，刚刚完成对塔塔儿部族的整合就立刻开始了猎取美色的行动。

《蒙古秘史》写道：“在处置塔塔儿人妻女、家小时，成吉思汗将塔塔儿人也客扯连之女也速干纳为妃子。”多么难以理解的情形啊，胜利者竟把战败者的女儿搂进了怀里。她可是仇家的女儿，敌人的骨肉，她的父亲刚刚被成吉思汗的手下杀害啊！难道她没有记仇的大脑细胞？难道成吉思汗不忌讳仇人之后留在身边的隐患？难道就像有的学者认为的那样，成吉思汗想以这样的方式抚慰塔塔儿部族那滴血的心灵？莫非这一切都是我们多余的思考，而那时的为女之人已被那纷乱的年代异化成了既无归属感，又没了生命尊严的，只有从属准备的特殊人群了吗？也许情况就是这样，所以成吉思汗才毫无顾忌地将她搂进了怀里。

《蒙古秘史》接着写道："也速干得宠后，对成吉思汗说：'大汗恩德宽后，将会善待于我。我姐也遂貌美于我，是位堪配大汗的女子。只是不知道她在方才的混乱中逃到了何处？'听罢此话，成吉思汗说：'你姐果真貌美于你，我就派人寻找她。如你姐姐被我找了回来，你愿让出自己的位子吗？''如大汗恩准，找来我的姐姐，我会立即让出这位子！'也速干斩钉截铁。如此说妥后，成吉思汗便下达了寻找也遂的命令。那时，趁乱逃出的也遂正与其夫婿躲在林子中间。发现有人追寻而来，其男人闻声逃脱，也遂却被我方兵勇抓了回来。也速干见姐姐已来，即按原定说法，起身让出自己的座位，坐到了她的下边。也遂果真如也速干所说貌美无比，成吉思汗便准其坐到了自己的身旁，并给了她夫人的名分。"好一对貌美无比的塔塔儿姐妹呀，竟如此这般地成了成吉思汗生命建设追求奢华的美丽饰品！

让我们说些什么好呢？还是什么也别说了吧！在永不竣工的生命建设工程中，已被制度化的当今富贵们不也以各种形式追求着女色的奢华吗？！

金汗帐 （郭伟忠 选自《民族画报》）

卷十 另类整合

那是我上高中后的第一个暑假，父亲领着我去北村的大漠中摘野杏。回来的路上，我累得走不动了，于是比我还累的父亲为了振作我，给我讲了一个故事：

大地还很年轻，海河还很幼小的时候，天神把两户猎人带到一片山林中，留给他们一些弓箭和猎具后走了。两户猎人就用天神留下的弓箭和猎具开始生活起来。多年后，天神突然回来探看他们。结果一户猎人不见了，另一户猎人正在围猎一只小兔。天神很牵挂那户猎人，于是在山林里寻找起来……

『天神找到他们了吗？』我不安地问。

『没有。』父亲不动声色。

『那户人家是不是被老虎吃了？或者是搬到别的地方去了？』我追问着，脚步明显轻快了。父亲笑了，他不紧不慢地说：『天神没有告诉我。你去想一想吧，他们究竟怎么了？』

是啊，他们究竟怎么了？我想了一路，猜了一路，父亲总是微笑着不肯定也不否定。快到家了，父亲告诉我，这是他从一个阴阳先生那里听来的，他也不知道正确的答案。

多年过去了，父亲也离开我们走了，而我好像悟出了一点什么……

非 常 父 子

经过成吉思汗与王罕一段时间的不无竞争的整合，蒙古草原的中部和东部地区基本归入了这个同盟的控制之下。虽然还有一些部落势力未被整合进来，但只要同盟还能继续存在，其力量是无人能敌的。对于这一点，历经风云叵测，并且一直得益于同盟之力发展起来的成吉思汗是深有体会的。可是，同盟的另一半，一直以来以救助者的身份穿行其间的克烈亦惕部落大首领王罕对此是不是也有心知肚明的体会呢？如果，他只有人情交往的情谊，而没有战略利益的同盟认知，那么这个同盟在敌对力量已趋消失的情况下还能继续存在吗？

《蒙古秘史》接下来就记述了这样一件微妙的事：

“之后，成吉思汗与王罕联手，出兵乃蛮所属古出古惕·不亦鲁黑罕。当联军到达兀鲁黑塔黑一地锁豁黑水时，不亦鲁黑罕不战而退，越阿勒台山逃去。成吉思汗、王罕自锁豁黑水起兵追击不亦鲁黑罕，越过阿勒台，进而将其逼向忽木升吉儿一地兀泷古水下游。恰在此时，敌方哨官也迪土卜鲁黑与联军前哨相遇而逃。联军前哨将他赶上山时，也迪土卜鲁黑因断了马鞍肚带而就地被擒。被逼逃向兀泷古水域的不亦鲁黑罕逃到乞湿泐巴失湖后，被追来的联军歼灭精光。”一次跨越阿尔泰山南北的歼灭战就这样打完了。这里所说的阿勒台就是当今中国新疆与蒙古国接壤地带的

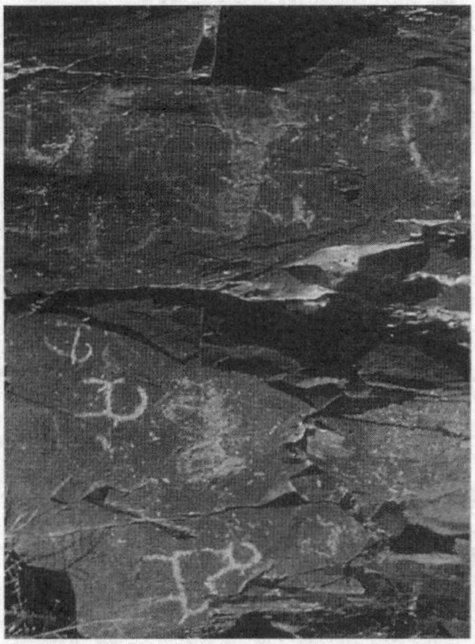

岩画 （蒙古国大使馆提供）

阿尔泰山脉，而这个叫不亦鲁黑罕的人就是经常染指蒙古部族事务，策划参与札木合跨部族联盟，誓言要击碎成吉思汗这块硬石的那个人。这个人族属居住于蒙古高原西部地区的乃蛮部族，是这个部族分地割据的一方首领，与王罕也结有击来打去的个人怨仇。作为跨部族联盟的强大遗存，他的存在不论对于成吉思汗，还是对于王罕都是巨大的生存威胁。这就是促使成吉思汗与王罕联手出兵的根本原因。如今，共同的敌人已被歼灭，他们就要班师凯旋了。《蒙古秘史》接着写道：

“成吉思汗与王罕就此班师返回时，乃蛮部将可克薛兀·撒卜勒黑在联军必经的巴亦答剌黑河之源做好了激战的准备。得此消息，联军迅速摆好阵势，赶到约定的战场。但双方见天色已晚，约好第二天开战，各自就地扎营过夜。夜深人静后，王罕在驻地上点着火堆后，自己却率兵朝合剌泄兀泐河方向退逃而去。”看吧，一个微妙的变化就在这里发生了！自接受成吉思汗貂皮斗篷的礼物以来，无论是长途奔袭解救人质，或而对跨部族联盟的强大兵力，都未曾退却一步的王罕，如今遇到一个不很强大的乃蛮力量却一反常态地退却了。有人认为，这是王罕性格反复无常的表现，他的弟弟们和手下们也曾说他是“常怀歹意和臭肝”的人。王罕的怪异举动果然因为这些吗？当然不是！王罕之所以这样做的关键是：他看不到同盟存在的必要了！于是，成吉思汗对他可有可无了，于是保全自己更为重要了。所以，他就燃起火堆，也燃起自己这突发的奇想，扔下成吉思汗溜走了。然

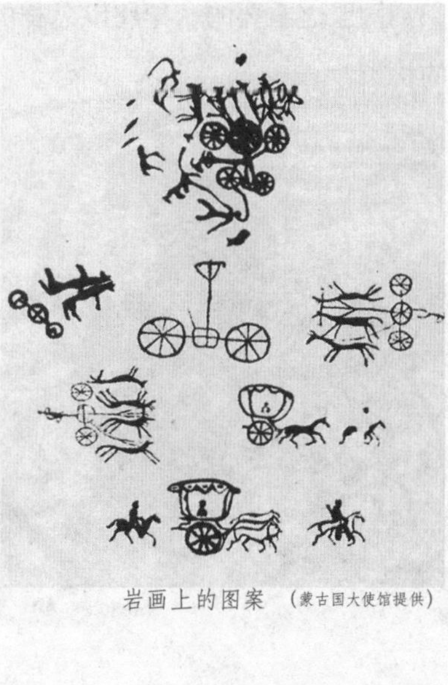

岩画上的图案 （蒙古国大使馆提供）

而，王罕万万没有想到的是事情并没有按着他的设想发展下去。

“备战当夜，乃蛮战将可克薛兀·撒卜勒黑发现对方趁夜退逃，便起身追去。被追击的一方不是别人，而恰为王罕一部。可克薛兀·撒卜勒黑在追击王罕的行程中掳取了王罕之子桑昆的妻女、家小与百姓财物，又将王罕追赶到帖列格秃山口，掳得其百姓、马群、食物大半后，才扬长而去。”本想保全自己，反而牺牲了自己；本想借刀杀人，反却挥刀自伤了。已无他人可找的王罕不得不找成吉思汗帮忙了，于是他派人对成吉思汗说：“我已被乃蛮人掳去了妻女、家小与财物。望好儿你派来军中四杰，帮我夺回妻女、家小与财物及百姓。”《蒙古秘史》接下来写道：“成吉思汗立即派孛斡儿出、木合黎、孛罗忽勒、赤剌温等军中四杰整军出发，增援陷入困境的王罕。前去增援的军中四杰与所率人马行至忽剌安忽惕一地时，正遇因战马受伤而险些被对方擒获的桑昆一部，便帮其激战，救出了他的妻女、家小，夺回了被掠去的财物……”

一次浅显的思考，一个不该的闪念，险些毁掉了王罕自己，也险些毁掉置其不败之地的战略同盟。好在成吉思汗没被消灭，好在成吉思汗没有计较王罕的异常用心。王罕得救了，王罕那政治实体——克烈亦惕部落的家国江山也得救了。于是，王罕又看到了同盟存在的必要！可是，同盟已被伤害，成吉思汗也不可能没有一点想法。意识到同盟之重要的王罕将以怎样的方式修复曾经的友情，又以什么样的形式重塑同盟的构架？

成吉思汗作战图局部 （蒙古国大使馆提供）

《蒙古秘史》写道："见此情景，王罕感激不已：'昔日，铁木真的好父亲也曾为我收复过失地与属民。如今，我儿铁木真又派四杰英雄，拯救了我濒于灭亡的家国。此恩此德何以回报？愿天地之神保佑我们！'

"接着，王罕又说：

'好安答英雄也速该
曾为我收复过
失去的土地与散去的百姓！
他的长子好儿铁木真
今来拯救我
将要破碎的家国与妻儿！
二人与我肝胆相照
危难之际见真情
这般苦心，如此关怀
为了谁，又为了什么？
当年逾古稀的老汉我
身靠万里青山
头枕大地草木
安祥万分地归天之后
谁来主管我的家国山河？
当颠簸一生的王罕我
离开这哈那架起的小屋
进住那修于荒地的石屋
将我一生守护的家国
交由谁来看护与管理？
虽有亲兄亲弟一群
却为无德无能一帮
不仅品行不正又歹刁

常惹麻烦却无远虑！

“只有儿子桑昆还算可以。但他是独生子，没有帮他、教他的伙伴。趁我健在，就让铁木真做我儿子桑昆的长兄吧。这样，我就有了两个儿子，将来也就放心了！’”

真是冷热两重天啊！当见不到同盟存在的必要时，他把成吉思汗毫不迟疑地留给了强敌的屠刀之下；当又看见同盟存在的必要时，他又毫无顾虑地把成吉思汗认作了自己的义子。这是一个何等快速的变化呀，而就在这一冷一热的变化中，王罕与成吉思汗同盟的性质就被重新定义了。这个同盟已经不是原来的那个友情同盟，也已经不是昨日的那个军事同盟，而已被改制成了父子相称的血肉同盟！于是，他们举行仪式结为父子，并相互许愿：

“在讨伐敌人的时候
我们要一起去战斗
在猎杀狡兽的时候
我们要并肩去呼号！”

他们不仅这样表心许愿，又为确保同盟的团结，协商制定了增进互信，消除隐患的对话机制：

“如有人毒蛇般地
离间我们相互间的友情
要彼此不疏远
面面相觑而清除其毒害！
若有人齿蛇般地
挑拨我们之间的亲密情谊
要彼此不生疑
相互说明而澄清其原委！”

于是，在13世纪的蒙古草原上，在互为仇敌的敌对力量已趋消失的情况下，一个以父子相称而利益有别的特殊同盟就这样诞生了！

陷阱之约

平安和吉祥是蒙古民族最美好的生活向往。去过草原，感受过蒙古民族文化生活的朋友都会体会到这一点。逢年过节，需要相互祝福一下时，他们最喜欢使用的祝福语就是平安吉祥；迎朋会友，接风洗尘，他们最先敬献的就是象征平安吉祥的哈达；祭祀祝颂，聚会欢庆，他们最先祈求的就是平安和吉祥；乃到求神拜佛，他们祈求的不是荣华富贵，而恰恰还是平安与吉祥！蒙古人为什么会这样？为什么在他们的文化生活中总是充满着对平安与吉祥的祈盼与向往？也许，生命本身的需要就是这样，也许蒙古人经历了太深太深的苦难，太多太多的坎坷，所以他们希望平安地度日，吉祥地生活。

自第一任大首领合不勒汗以来，一直挣扎在生死离乱之中的蒙古部族的劳苦大众们终于在公元1202年与1203年交替之际迎来了可以使他们稍享安宁的政治迹象。这个迹象就是成吉思汗与王罕父子同盟的正式成立。如果，这个同盟能够维持，如果，这个同盟的两位领导人能够把民众的安宁当作各自政治实体的生存宗旨，那么，我那生活在八百余年前的父老先世们就会过一段平安吉祥的生活了。可是，封建时代的政治老板们会选择民生吗？会把民众的安宁当作自己或他那政治实体的使命与责任吗？

《蒙古秘史》写道：“之后不久，成吉思汗为了巩固和加深与王罕的

古游牧民族葬礼 （蒙古国大使馆提供）

亲密关系，想将桑昆之妹察兀儿别乞聘与自己的长子拙赤，将自己的女儿豁真别乞嫁与桑昆之子秃撒合，以此建立血肉之盟。”我不能断言，成吉思汗就有超时代的智慧，也不能确定他的这一举动就是为了时局的稳定和民生的安宁。也许他太累了，太需要过几年安宁的生活；也许他饱尝了颠沛流离的生活，所以深知劳苦百姓的需要；也许他牢记着王罕的恩惠，所以总是满怀感恩之情；也许，这一切都混杂交织在一起，使他努力寻找亲密关系，巩固同盟的有效途径。怎能不说这是一个明智的选择呀，自俺巴孩汗以自己的女儿示好塔塔儿人以来，这是蒙古部族的领导人第二次用和睦依存的愿望处理与其他部族关系的尝试！可是，他的对方，同盟的另一半——王罕和他的儿子，能够认同和配合成吉思汗的这一努力吗？

《蒙古秘史》接着写道：“当成吉思汗派人向桑昆转达此意时，桑昆妄自尊大地说：‘我方女儿嫁到他家，只能站在门旁服侍他们；而他方女儿嫁到我家，则可坐于上方接受服侍。’便以该婚事不平等为由，出言辱说一番后拒绝了。成吉思汗由此对王罕、桑昆二人产生了反感。”好一个似曾相识的情形啊，就像俺巴孩汗的善意被当年的塔塔儿人无情地亵渎一样，如今成吉思汗更加密切相互关系的愿望又被王罕的儿子，未来的汗位继承人借故回绝了。桑昆说这桩婚事不平等，不平等的表现是：他家女儿地位高，而我家女儿地位低！我这笨拙的脑子就像古时的木轮车，无论怎样去揣摩也没有弄清楚这不平等的具体情形，多年研究的学者们也未能给出拨云见日的精当解答。我想，如果有什么不平等，就该是桑昆妹妹辈分的下降吧！可他们怎能不知道，这是一桩政治利益的交换婚啊。问题的根由只有一条，那就是：同盟关系的亲密化不符合桑昆的政治利益！于是，这个被他父亲认为还算可以的儿子就这样开始挖起了同盟的墙角。对于成吉思汗的政治宿敌们来说，这是一个多么难得的喜讯啊，他们怎能不欢欣鼓舞，怎能不挽起衣袖动作起来。《蒙古秘史》这样写道：

“札木合得知成吉思汗与王罕之间产生裂缝后，于猪儿年(1203年)春，便与阿勒坛、忽察儿、合剌乞答惕之额不格真、雪格额台、合赤温别乞等谋合后，迁到者者儿山脚别儿客额列惕一地，一起走到幼稚的桑昆那里。札木合对桑昆说：‘我安达铁木真与乃蛮之首塔阳罕早有信使往来。他这人：

虽在口头上
大说父子情
但在内心里
怀有大野心！

“‘还在信赖他吗？若要迟了，结果不堪设想。你们如果出征铁木真，我可从侧翼出兵协助！’

“札木合话音刚落，阿勒坛、忽察儿二人接着又说道：

‘我们帮你
除掉诃额仑夫人的孩子们
斩杀其当哥的
绞死其为弟的！’

中国画成吉思汗（巴拉吉尼玛 选自《民族画报》）

“听罢此话，合剌乞塔惕之额不格真急忙插嘴道：

‘我去为你

绑住他们的双手

捆上他们的双腿！’

一阵煽风点火后，脱斡邻勒若有所思地说道：‘想尽办法夺取铁木真的百姓。若要失去百姓，他就会奈何不得我们了！’听此妙计，合赤温别乞又说道：‘为桑昆你的前程和大业，我愿走到路之尽头，跃入水之深底！’”

一个可怕的，强大豪华的游说阵容就这样来到了桑昆身边。他们不仅带来了离间同盟的有效理由，也带来了铲除成吉思汗政治实体的大致战略和具体战术，更是带来了愿到路之尽头、水之深底的忠心与决心。这帮前来挑拨的政治乞丐们的头目就是已经归降王罕的札木合先生，而那个誓言要斩杀成吉思汗兄弟的阿勒坛和忽察儿就是十四年前推立铁木真，并誓言要为他冲锋陷阵不惜生命的那个阿勒坛和忽察儿。二人在整合塔塔儿部族的战斗中违反军令，受到过成吉思汗的严肃处理，之后他们没有选择改邪归正，却走上了与成吉思汗为敌的不义之路。政治家，这是一个多么响亮的职业名称啊，我曾经认为最能感悟人类历史的发展方向，善于认知大众百姓的生存诉求，并能够将它转换成自己的责任与使命的就该是我们人类中被称为政治家的那些人。这些人能够承载历史，能够把脉生存，能够为大局和民生放弃自我的小利。他们有思想的从容，使命的自觉，总不以自我的得失践踏万众的期待。可是我错了，他们中的一些人总是把自我放在整体之上，得失放在使命之上，利益放在责任之上，一而再，再而三地伤害历史，伤害生活，伤害天下万众的期待。如今，札木合他们也加入到了这个行列，而且怀着必成的决心来到了桑昆这个最佳人选的身边。学者们早已指出，桑昆排斥成吉思汗的原因就是：他担心自己的父亲会把可汗之位传给成吉思汗这个义子。所以他着急，郁闷，又不敢直接说。现在好了，札木合那些人已把成吉思汗描绘成了克烈亦惕部落最危险的敌人。他就可以以家国江山安危的高度游说父亲了。

据《蒙古秘史》记述，桑昆先后派出两个心腹游说父亲出兵成吉思汗，但都遭到了拒绝。王罕认为：“对我儿铁木真，不应怀有这种想法。如今，我们家国的安宁靠的是铁木真的帮助，如果对他产生这种歹念会惹怒苍天的……”王罕的态度很是

奔跑的骏马 （蒙古国大使馆提供）

明确，可是桑昆的决心更为坚决。见派人不成，桑昆便亲自出马前来说服父亲："如今，您还活着，他已不把我们放在眼里。万一您呛于白奶、噎于肥肉呜呼归天后，他还能让我们左右这忽儿察忽思不亦鲁黑罕祖艰辛创立的家国江山吗？"可谓是一针见血的惊人之语啊，但是他的父亲仍未同意。于是，懊恼至极、失望至极的桑昆就愤愤地摔门而去了。

这样，这起破坏同盟，加害成吉思汗的阴谋就该结束了。可是，就在这关键的一刹那，历史的方向突然逆转了。王罕看着自己的儿子失魂落魄地摔门出去，为父之情突然涌上心头，又把他叫回来说道："因怕惹怒了苍天，所以未肯而已！你若有本事，就请自便好了。"在权力的巅峰上，语言的威力是多么的强大呀，王罕一句迁就的话，就彻底摧毁了同盟存在的政治基础。于是，心意已遂的桑昆就急不可待地策划了让成吉思汗这个心腹大患自投落网的美丽陷阱："愿将察兀儿别乞嫁给你家，前来吃不兀勒札儿吧。"

订婚宴的请帖就这样发出去了，桑昆没有准备这个叫作"不兀勒札儿"的羊脖骨等宴用美食，而是做好了捉拿来客的一切准备……

博弈，在合阑真沙地

在就要讲述成吉思汗与王罕的血肉同盟轰然倒去的可怕情形时，有朋友推门进来看我在做什么。他知道，每个周六周日我都在单位写点东西，所以正好路过的他就拐进来看我了。他知道我在写什么后，站起身来很认真地问我："如果没有成吉思汗，今天的蒙古人会是什么样的？"问得好突然，好尖刻呀！我被问懵了，在那一刻竟未能找出一句合适的答案。后来朋友走了，而那个问题没有走，留在了我286电脑般的脑子里。

是啊，如果没有成吉思汗，今天的蒙古人会是什么样呢？我欲罢不能地思索和想象起来：圣祖那慈祥而威严的形象在我的脑海里开始模糊了，接着心中的那股历史自豪消失了，接着一个叫蒙古的满怀历史自觉的民族不知去向了，接着东方这块一体相连的生存版图的团圆日无法预期了，接着这个世界的东方与西方赤面相见的情景看不见了……至此，思索和想象仍没有停歇，仍还吱吱嘎嘎地运转着。于是领袖毛泽东"一代天骄成吉思汗"的磅礴名句没有了，金庸先生《射雕英雄传》那江湖化的编造没有了，东方与西方一些文人墨客们仅凭想象或捕风捉影的胡编乱造没有了，美国《华盛顿邮报》评成吉思汗为"千年风云第一人"的忙乱与喧闹也没有了……没有了，我运转不停的想象中什么也没有了，让我苦苦寻找的没有了成吉思汗的当今蒙古人的样子终究也未能呈现出来。就在这时，我突

哈剌和林出土的瓷面具 （蒙古国大使馆提供）

然感觉到这是个假问题，成吉思汗明明是真实的，怎会“没有”呢？你看他不正兴高采烈地向王罕营地走来了吗？

是啊，成吉思汗兴高采烈地吃象征订婚的羊脖骨而来了。他对义父这里的变故一点都不知道，一点都不了解，也许他还以为义父是个识大体顾大局的人，姻亲的建立对同盟的巩固是多么的必要啊。他兴奋满意，心情愉快，很快与侍从十人走到了离王罕营地不远的蒙力克老父家过夜。在作家们的描写中，那一夜肯定是没有月亮的，而且应该是乌云密布的。然而在我看来可以是明月高照的，也可以是凉风飒飒的。因为，天人合一不可能是那样的简单；因为，风云突变是草原上常见的事情。对于这一点，深受其苦的蒙力克老父是深有体会的。这个叫蒙力克的老人不是别人，就是成吉思汗父亲时代的老管家察剌合老人的儿子，就是也速该在去世时把孤寡一家托付给他的那个蒙力克。无情的岁月将那个年轻的蒙力克变成了如今的蒙力克老人。由于生计所迫，他虽然未能照顾成吉思汗一家，但随着泰亦赤兀惕部落被整合，他领着七个儿子回到了成吉思汗的阵营里。他的一个儿子叫阔阔出，据说是个法力高深的萨满，我们不久会看到他无所顾及的惊怵表演。眼下，是他的父亲蒙力克老人在细细品听成吉思汗的此次来由。于是，《蒙古秘史》述蒙力克老父的话道：

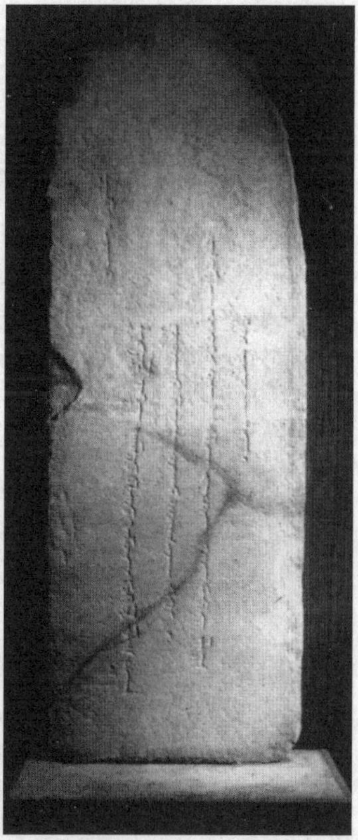
刻有文字的石碑 （蒙古国大使馆提供）

“前不久，我们向察兀儿别乞提亲时，他们因看不起我们而拒绝了这门亲事。如今突然邀请你去吃不兀勒札儿，这事有些奇怪。方才还妄自尊大，不把我们放在眼里的他们，怎么突然改变主意要把察兀儿别乞嫁给我们了呢？我看其中必有缘故，吾儿一定要警惕和小心。现在正是初春季节，我们的马群还很瘦弱。可拿此作借口，说待马群肥壮之后再去订婚，较为妥当。”

一段深入浅出的分析，一句进退两全的劝告，立即唤醒了成吉思汗害人之心不可有，防人之心不可无的意识。于是，成吉思汗照蒙力克老父的意图派出通报情况的两名使者后，自己掉转马头回大本营去了。

阴谋的标底是野心，而野心决不是自行泯灭的欲火。桑昆借喜擒人的阴谋落空了，他见成吉思汗没来，顿觉不妙，便紧急商议决定：因计策已被识破，明日一早就发兵围捕。

真可谓躲得过初一，躲不过十五啊！刚刚躲过订婚陷阱的成吉思汗又面临了绝情

的武力围捕。一个真正可怕而关键的一夜来到了草原。成吉思汗虽然回去了，但他不知道这边的一切。而在这边，战马抓回来了，砍刀磨好了，只等夜去昼来，挥旗出发了。这是一个充满变数的一夜呀，这一夜曾经亲密的父子关系就将结束，血肉同盟的炽烈誓言将被遗忘，互帮互助用心建起的政治格局将被打破，而草原的历史要从双雄共掌的平和时段转入一方争霸的烽火年代。如果这一夜平静如故，如果这一夜风声不露，一个叫成吉思汗的人就将结束他传奇的人生。可是，就在这一夜，有两个最平常的牧马人悄悄离开桑昆营地，向成吉思汗方向急驰而去了。就是这两个最平常的牧马人，让可能成为瓮中之鳖的成吉思汗最终站到了合阑真沙地的战场上。

《蒙古秘史》写道："听完巴歹、乞失里黑(送情报的两位牧马人)的一番话，成吉思汗便通知身边的部下亲朋弃下行囊连夜轻装出发了。队伍越过卯温都儿山阴后，

蒙古铁骑兵

成吉思汗将兀良合歹人者勒篾作为后哨留到卯温都儿后，率领队伍继续前行。队伍马不停蹄地前行，至翌日正午日斜时分赶到合剌合勒只惕(合阑真沙地)歇息。歇息间，阿勒赤歹的马倌儿赤吉歹和牙的儿二人择草放马间突然发现了顺卯温都儿山脚，经忽剌安不鲁合惕直追而来的敌方人马扬起的满天飞尘，便急忙赶回马群报告情况。得此报告，大家顺向望去，果真在卯温都儿山前的忽剌安不鲁合惕一带翻滚着满天的灰尘。成吉思汗仔细观察那翻滚的灰尘后，断定是王罕的追兵，便令队伍立即驮好行装急速前行。”

这是怎样一种情形啊！一个本来的突袭围捕行动因风声的走露就变成了阵脚紊乱的追击行动。前面是慌忙逃去的兵力有限的成吉思汗，后面是计划落空而紧追不舍的王罕部队。原以为突袭抓捕必成无疑的王罕，因过度自信而未作其他的战术安排。于是，始料未及的王罕，面对这出乎意料的变化，不得不再行制定直面肉搏的战斗计划。可是，和谁商量呢？儿子桑昆蛮勇而无智，只有札木合吧，他是草原上赫赫有名的军事指挥家呀！经一阵敌我双方的优劣分析，一个轮番进攻，全歼成吉思汗的战斗计划就在急驰的马背上制定出来了。

《蒙古秘史》写道：“王罕听罢札木合的介绍，立即排兵布阵道：‘若是那样，我们以合答黑吉为首的只儿斤勇士为先锋前去冲杀，其后派土绵土别干氏阿赤黑失仑们继而冲击，其后再派斡栾董合亦惕的诸勇士去接着进攻。再后，由豁里失列门太石率我千名近卫攻击前行，最后派我方主力与他们决战！’接着，王罕又对札木合说：‘札木合弟，我方军队由你指挥吧！”

一场密集、强力的攻击战，如同这般设计不久就在合阑真沙地上开打了。令人不解的是，就在两军交锋前的刹那，札木合派人向成吉思汗通报了王罕的兵力部署和战术安排。并说：“王罕还叫我指挥他的全军。由此看来，王罕是个平庸简单的人，他没有能力指挥自己的军队。过去作战时，我从来没能胜过铁木真安答，而王罕的本事还不如我。所以，安答你不要畏惧，一定要挺住！”真是谜一样的札木合呀，方才还鼓动他人要除掉成吉思汗，现在又转过脸来暗助成吉思汗了。在前面，我虽曾努力解读过他，但现在实在是找不到原由了。莫非，札木合那颗自小结有的安答之情的心突然惊醒了？莫非，面对客烈亦惕人来势汹汹的部族吞并，札木合那颗蒙古之心恻隐起来了？莫非，由于他猛然看见了王罕的平庸而更加认清了成吉思汗的优秀和可贵吗？实在是难以言说了，但是就在那时，那样一个情况下，札木合的确做了这样一件事。

战斗进行得极其惨烈，成吉思汗仅以随身的两队人马迎击王罕组织的一次又一次的轮番攻击。好在随身人马个个骁勇善战，且又奋力拼杀，当日头西斜时，他们已经击退了王罕方面四个批次的强力攻击。这时，急不可耐的桑昆未等主力上阵，急率人马直奔成吉思汗而来。可是，没等他接近目标，一支利箭却扎进了他的颧骨，使他跃身从马背上摔了下来。在这一天，桑昆的摔地与日头的落去同等重要，都能成为当日战事清场收兵的必然条件。事情的确也是这样，随着桑昆的摔去，暮色也已渐渐变浓，当天的战斗结束了。

据《蒙古秘史》记述，在当天的战斗中，成吉思汗方面虽然坚持了下来，但遭到的打击绝对是沉重的。所以，暮色一深，成吉思汗就率其残余撤出战场，开始了他创业生涯中最后一次的逃亡生活。而在王罕这边，虽然桑昆受伤，成吉思汗未被抓获，但他们还是作出了“现在，他们已经成了只马单骑，依树遮阳的无家可归之徒。他们如不来归顺，我们前去将他们如拾马粪，襟裹而来”的判断后，也掉转马头豪气十足地回营去了。

这样，在这个叫合阑真沙地上的生死博弈永远地结束了，对打拼杀的英雄们也永远地走进了历史的深处。而那个叫合阑真的草原沙地依然珍藏着盛衰的记忆，绵延在今内蒙古自治区东乌珠穆沁旗中蒙交界一带。这是一个具有开发潜质的古战场景观啊，不知当今的人们和将来的人们怎样去打造它！

责问，悔恨，羞怒

在公元1203年的春天，在合阑真沙地上的拼杀之后，成吉思汗离开他艰辛整合的族众和土地向草原的东部急速逃去了。这样，蒙古这一部族群体实际上已经落入了王罕及其克烈亦惕部落的政治版图。这是一夜间的突然变化，是史书反应未及的瞬间变化。对王罕和他的政治实体来说，这远比他们那个心中的小目标重大深远得多。如果，王罕和桑昆能够意识到这一点，能够集中优势兵力，穷追不舍，一举歼灭成吉思汗，那么我们的史家、学者们就会换一种语调描述蒙古草原的历史了。可是，王罕他们没有从这个意义上理解和把握事态的变化，而仍还站在目标的原点上，仍以往日那克烈亦惕君主的身份畅饮着胜利的美酒。

他们喝着美酒，唱着欢歌，等待着夏日的鲜花为他们绽放，等待着草原的牛羊为他们肥壮，更等待着成吉思汗不堪落破地归降而来。可是，事与愿违，他们没有等来求饶而至的成吉思汗，而是等来了成吉思汗发自草原深处的一声声责问。责问，是成吉思汗从一个叫统格黎溪的地方发出的。据专家们研究，成吉思汗退出合阑真沙地战场后，几经艰辛转移，并度过人生经历中最为辛酸的一段日子后到达这里的。从战略的层面说，这个叫统格黎溪的地方是成吉思汗逃亡生活的终点站，也是集结力量转入反击程序的始发站。所以，作为反击的第一个信号，一声声的责问就从这里发出来了。

在权力更迭的历史上，力量博弈间的争吵是常见的。那些先前的帝王们、君主们，在他们争夺天下的过程中曾经留下过多少相互指责的言辞啊，可是岁月逝过后仍能让人感怀的并无多少。而成吉思汗发自统格黎溪边的声声责问就像是一篇篇散文和杂文，铭记在蒙古人的心中久久不被遗忘。为让读者朋友走进一次成吉思汗的内心世界，品味一下他那天生而来的情怀与才气，在讲述下一个故事之前，我把成吉思汗给王罕、桑昆等人的口信有删减地抄在这里，以悦大家的耳目。

蓝色的蒙古　（其木德道尔吉 蒙古国大使馆提供）

第一篇是致王罕的，口信说道："我们在统格黎溪东侧下营休整，这里水草丰美，我方战马正在长膘。今需向父罕禀告如下：不知父罕因何发此大怒，因何如此将我惊吓？究竟为何吓得您骨肉般的孩子与儿媳们心惊肉跳，夜不能寐？

为何怒摇我那
风雨飘摇的床铺？
为何吹散我那
袅袅上升的炊烟？
又为何害得我
家无宁日，胆战心惊？
罕父啊！我的罕父！
您为何听信那
心怀歹意之徒
离间挑拨的话？
罕父须要明察
必有恶人谗言
离间我们之间的情分！

"罕父啊，我们曾经是如何说好的？就在勺而合勒浑山下忽剌阿纳兀惕土丘上我们是如何说好的呀？不是说好要：

如有人毒蛇般地
离间我们相互的友情
要彼此不疏远
两人相见而清除其毒害！

"如今，罕父您为什么不等两人见面就下起了毒手？我们不是说好要：

若有人齿蛇般地
挑拨我们亲密的友情
要彼此不生疑
双方相说而澄清其原委！

“如今，罕父您为什么不等相互澄清就迈起了疏远之步？罕父啊！我虽寡少，但胜似势众地，虽然弱薄，但胜似强健地支持过您，辅佐过您！一侧车辕如果断了，黄牛怎能将其拉着前行？我不正是那辆牛车的一辕吗？一侧车轮如果坏了，那辆车又怎能独轮前行？我不正是这辆车的一个轮子吗？

“昔日，……我们经兀鲁黑塔黑山莎豁黑水，越过阿勒台山追击古出古惕·不亦鲁黑罕，并追至吾笼古河后，在乞湿泐巴失湖边将其捉杀(指同盟最后一次的联手作战)。自那返回时，乃蛮战将可克薛兀·撒卜勒黑，在我们必经的巴亦答剌黑河谷布下兵马，做好了截击的准备。得此消息后，我们二人立即集合队伍前来与之战斗。但因天色已晚，双方约好翌日再战后，各自下营休息。当夜，罕父您在驻地上点着许多火堆后，独自撤出战场，向合剌泄兀勒退去。第二天早晨，我们才发现已被您无情地抛弃了，就像那被您抛弃的一堆堆篝火！所以，只好背弃交战的诺言，经额迭儿阿勒台之会合处，退至撒阿里沃野下营。这时，乃蛮战将可克薛兀·撒卜勒黑追您而去，掳尽您儿桑昆的妻女、百姓及财物，进而又把您追到帖列格之口，掳去您一部分百姓和牲畜。……于是，陷入困境的您派人向我求助道：‘乃蛮战将可克薛兀·撒卜勒黑

绘画作品一图80 （孟克金 蒙古国大使馆提供）

掳去了我的百姓与财物。望我儿速派手下四杰救助！’我不计较您弃我而去的前嫌，立即派我孛斡儿出、木合黎、孛罗忽勒、赤剌温四名爱将率兵出发。我的四杰尚未到达前，您儿桑昆在忽刺忽惕一地的混战中，由于战马受伤即将被敌人活捉之际，我的援兵不仅及时赶到救出了桑昆，而且又为他夺回了已被掳去的妻女、百姓及牲畜。那时，罕父您感慨不已地说道：‘我儿铁木真派来四杰，为我夺回了失之将尽的家国江山！’如今，我不知做错了什么，让您如此大怒不止？……”

情真理切，句句扣题，这是成吉思汗留给后世的散文遗作呀！就是这篇散文使助纣为虐的王罕无地自容，悔恨不已。《蒙古秘史》写道：“王罕听罢成吉思汗捎来的这番话，悔恨地说道：

‘唉！

是我背弃了好儿铁木真

马 （额尔敦巴雅尔 蒙古国大使馆提供）

也毁了我家族江山的名声
是我背离了好儿铁木真
也闯下了败我家业的祸端！

"'从今以后，我若对好儿铁木真再怀恶意，就让我的血如此地流淌吧！'便拿起刀子扎破小指头，将流出的血滴进一小木盒后递给使者二人说：'把这送给我儿铁木真！'"

第二篇是致札木合的："你心怀不轨，用卑鄙的手段离间了罕父和我。昔日，我俩住在罕父家的时候，谁起得早谁就能用罕父的青盅喝酸牛乳。因我起得早，总能用那青盅喝上酸牛乳，你是否因此而忌妒于我？如今，在罕父身边就你自己了，请尽情地享用那青盅吧。看你能喝多少！"

精短，然而寓意深刻，那口喝酸牛乳的青盅是何等贴切美妙的意象啊！

第三篇是成吉思汗致背叛了他的家族宗亲阿勒坛、忽察儿的："你们二人已弃我而去！是否想要造反起事？还是想借刀杀人？忽察儿你听好了，我曾经念你为捏坤太石之子，立你为罕时，你力辞不从。再说阿勒坛你，你的父亲忽图剌汗掌管我们蒙古时，你曾帮他料理过事物。所以，我们大家推举你做罕时，你没有答应。还有撒察、泰出二人。考虑到他们二人为蒙古勇士把儿坛之后，辈分长于我们而我曾力劝他们当蒙古之罕。可他俩又一一回绝了我。你们一个个不肯出来掌管蒙古之事，反而把我推到前台，叫我做了罕。之后，不仅不相济共事，而且还来加害于我。如果，是你们当了蒙古之罕，我将会：

在那对敌的战场上
冲锋杀敌走在前
在那苍天的保佑下
誓将顽敌尽征服！
掳来美女一群群
献给我那蒙古的罕
夺来骏马一匹匹
献给我那高贵的主！

如到林中猎狡兽

我将驱来供你射！

如到山上围狡兽

我将逐来供你猎！

“如今，事已至此。望你们诚待我罕父。都说你们是反复无常之辈，望你们再不要背叛我的罕父。可要知道，你们是我这札兀惕忽里(金朝对成吉思汗的封号)的家族血亲，要守好三河之源的土地，勿让他人抢占而去！”

寥寥几百字，不仅浓缩了13世纪初蒙古部族的曲折历史，也不乏对主题思想的强化描述。这是一篇脱口而出的作品啊，怎与一些言中无物的美丽呻吟相提并论？

第四篇是致桑昆的，是一首地道的散文诗：“我本是着衣而生的孩子，而你却是裸身而生的孩子。罕父对我俩同样慈爱。为此，桑昆你忌妒不已，倾尽所能地离间我们，终于从罕父身边赶走了我。如今你独享父恩，但望要好好照顾他，别让他分心焦虑，别让他忧心劳身，时常要多来看望关心，以慰其衰老的心灵。你要牢记曾经的诺言，在罕父还健在的时候，不要为取其罕位而折磨他老人家。”

邪恶是最需要隐藏的，而这种戳痛其隐秘的言辞怎能不引起对方的怒恨呢？桑昆的回答极其干脆：“喂肥战马，树起战纛！”

公元1203年夏日的蒙古草原上，也许长了很绿的草，也许开了很多的花，但那个夏天留给历史的独特风景就是成吉思汗这几篇口述作品。史学家们探究其效果后认定：成吉思汗的口信不仅动摇了王罕的心，也瓦解和破坏了桑昆的阵营，最后导致了札木合兵变失败，离开王罕投奔了乃蛮部！

克烈亦惕人的覆灭

什么是英雄？英雄对我们有什么意义？英雄该怎样影响我们的心灵与行为？

也许，这不是什么问题，然而它常常让我辗转反侧。词典里说，英雄是“才能勇武过人的人”。而我女儿对我说，英雄应该是为推动历史潮流而大义凛然地做出牺牲的人。我儿子则说，英雄其实就是站在正义与真理的一侧，做了他人所不能做不敢做的事情的人。朋友们却不正经也不耐烦地解释说，英雄就是英雄，就是你所崇拜的那些人！

是啊，英雄就是英雄，就是很难用一个尺寸去丈量，然而总能让你肃然起敬的那些人；就是其行为价值被后人认同的那些人；就是我们记在心中，写在书中，说在嘴上的大名鼎鼎的那些人。他们或以故事、或以传说、或以心灵记忆、或以物化转移的形式长久地和我们生活在一起，无限地丰富着后世人类的精神文化生活。也许这就是文化的自然积淀，不必再去探究的精神存在。对于这一点，我是完全认同的，而且也和世俗的作法一样，对他们的感知基本停留在姓名与功德的记忆之上，形象与精神的赞美之上。进而也认为，这就是发扬和光大英雄精神的可行手段了。看来当今的社会也是这样，都以普及心灵记忆，强化形象打造，突出功德歌颂等形式宣传着英雄们。这样，英雄们的名字和他们的形象正在成为歌曲中的响亮字眼，讲坛上的可靠品牌，书本里的主要内容；进而也在成为大街小巷中的立体景观，厅堂殿馆里的伟岸雕塑和庙宇陵园之中祭拜的偶像。我想，英雄的魂灵会因此而欣慰，后人的心情也因此而安然！

可是，英雄对我们的意义就是这些吗？他们对我们心灵与行为的影响就应该是这样吗？不是的。我们崇拜英雄、仰慕英雄，为的不应是拥有一些精神的摆设，而是为了让英雄的浩气和智慧变成我们呵护正义、成就事业的心灵马达。因此，在光大他们英名的同时，更要观察和感悟他们把不能变为可能，把被动变为主动，把不利因素转化为有利条件的思维方式与运筹手法。比如说，成吉思汗对我们的意义，更在于他那化危机为机遇，化劣势为优势的教科书般的行为实践上。

就在公元1203年的夏天，就在发出对王罕、札木合等人口信的同时，成吉思汗走入了事业征途上最为困难的一段时光。苦心经营十几年的政治实体被打垮了，一步步壮大起来的战斗队伍被打散了，艰辛整合的势力版图失去了意义，精心凝聚的部族人心迷失了方向……可是，成吉思汗没有绝望，也没有放弃，更没有不堪落破地向王罕降服而去。就在这个时候，从王罕营地中逃脱出来的合撒儿在一个叫巴勒注纳湖的地方找到了居无定所的成吉思汗。这个巴勒注纳湖，史书上又写为班朱尼河，据说在今满洲里以北，离额尔古纳不远的地方。史学家们说，曾在统格黎溪边休整的成吉思汗是在受到桑昆侵扰的情况下迁往巴勒注纳湖的。途中队伍失散，减员严重，到巴勒注纳湖时只有19个人与成吉思汗在一起。于是，成吉思汗与他们同饮浑水，发誓要“与我共饮此水者，世为我用”。这样，一个叫“巴勒注纳盟

成吉思汗的幼子拖雷

誓”的政治佳话就流传到了有关成吉思汗的各种著作中。真不知，史学家们是怎样探究出这一细节的，更不知如何判断了成吉思汗不久发动闪电反击的力量基础。按我愚笨的感悟，这种可能是极其微小的。因为反击可以是闪电般的，而败逃中的力量集结决不可能是闪电般的。尽管情况不至于那样，但落魄的惨状是可想而知的。就在这样的情况下，落难的兄弟相见在他乡，其心情的复杂谁能一一说清？按我们通常的习惯，二人相见后最先探问的应该是母亲与家室的情况和各自的遭遇，然后讨论起事态突变的原因，目前所处的境况及如何应付随时可能的袭击等迫在眉睫的问题。可是，成吉思汗一反常规思维的模式，直接将合撒儿的到来转换成了反击行动的开头。

《蒙古秘史》写道：“见合撒儿归来，成吉思汗大喜，立即商定再向王罕派去信使。”于是找来两名可信之人，说完必要的交待后，让他们向王罕带去了以合撒儿口气拟就的一封口信。口信说：

“离开罕父您的营地
我出来寻找哥哥铁木真
虽已走遍深山大川
不见我哥哥的踪迹！
虽已喊破嗓子
不闻我哥哥的回音！
如今我，
枕着草墩躺在野外
望着星星独守长夜！

“我的妻儿在罕父营中。如罕父派一可信之人来，我即与其回到罕父身边去。”

这是怎样一封口信啊？走投无路的声声哀叹，落魄不堪的句句呻吟，急于降归的切切恳求！这不正是王罕他们所期待的结果吗？不正是他们想要看到的情形吗？这时的他们怎会看到口信背后那握紧拳头的成吉思汗，怎会知道口信所包含的死亡通知意义。听完口信后，正在摆宴欢聚的王罕很为满足，很为宽容，随口便说：“如果那样，就让合撒儿回来吧。作为可信之人，派亦秃儿坚去好了！”

一边是紧锣密鼓的反击准备，一边是不知疲倦的歌舞酒宴，命运就在这样的落差

拖雷之后唆儿禾帖尼

中被改写了。当成吉思汗的使者带着对王罕营地的探察情报，带着派来的受降心腹回到事先约定的地方时，成吉思汗已做好一切必要的准备。于是，成吉思汗和合撒儿先行斩除王罕派来的受降官员后，细细听取了使者对王罕营地的情况观察。使者说："如今，王罕没有任何防备，正搭起撒金褐子帐摆宴狂欢。我们可以立即出发，趁夜袭击他们。"

多么简单的几句话，多么难得的突袭机会啊！如果成吉思汗遵循常规，如果没有进行目标化的思维，真不知如此绝好的突袭机会何时才能等来！《蒙古秘史》接着写道："成吉思汗同意了二人的提议，并派出主儿扯歹、阿儿孩二人做前哨，随后带全体人马趁夜急行，在者折额儿温都儿山前的折儿合卜赤孩峡口围住了王罕的人马。惨烈的厮杀持续了三天三夜，顽抗的敌人在第三天时终于投降了。"三天三夜，别说在历史的长河中，就是在1203年的那个夏秋都是极其短暂的一瞬呀！就在这短暂的一瞬，成吉思汗不仅完成了命运的逆转，更是把不可一世的克烈亦惕罕廷牢牢地踩在了脚下。曾经是何等友善的父子同盟啊，为何非要挑起你死我活的干戈呢？成吉思汗需要知道究竟，需要向王罕和桑昆问个清楚。可是，王罕和桑昆不见了。《蒙古秘史》写道："原来，他们二人是趁夜逃出去的。只是我方人员未能发现他们。三天三夜顽强抵抗成吉思汗的人是只儿斤部勇士合答黑把阿秃儿而已。合答黑把阿秃儿对成吉思汗说：'我不忍心使自己的主子落入他人之手。坚持抵抗三天三夜，全是为了掩护他。如今他已安全逃出，所以我投降了。'"

王罕和桑昆逃走了，胜利变得索然无味起来。可成吉思汗不是王罕，更不是以胜败论英雄的江湖好汉。面对仍有变数的当时情况，成吉思汗既没有派兵追剿王罕，也没有放手掳掠凯旋归去，而是再次启动自己特有的目标化思维，对克烈亦惕这块强大的政治版图进行了战略意义的整合。《蒙古秘史》写道：“征服克烈亦惕部后，成吉思汗将其百姓分给了众家亲信。同时，将只儿斤氏的百余人分给了孙勒都歹氏勇士塔孩。王罕的弟弟札合敢不养有二女，姿色过人，成吉思汗将其姐姐亦巴哈别乞娶为妃子，将其妹妹莎儿合黑塔泥赐给了儿子拖雷。成吉思汗没有掳取札合敢不的属民与家财，而是令他要像帐车的另一支轮子一样相协前行。”

这样，一个叫克烈亦惕的古老部落，一个叱咤草原多年的强壮人群就完完整整地被整合到了成吉思汗的政治版图之中。也因为这样，不论从组织形式到人员管理，成吉思汗彻底消除了王罕他们东山再起的社会根基。

喀尔喀夫人（那仁满都胡 蒙古国大使馆提供）

天上草原　（巴义尔　选自《民族画报》）

卷十一 中古草原上的『斩首行动』

公元2003年，美国发动了对伊拉克的战争。战争一开始，美军用精确制导的炸弹，猛烈轰炸伊拉克总统萨达姆和萨达姆政权高官们可能藏身的多个地点。一时间，伊拉克首都巴格达炸声隆隆，火光冲天。第二次伊拉克战争就这样开始了。随后，美国CNN向全世界宣称：在2003年美国发动的伊拉克战争中，美军最先实施了『斩首行动』。

『斩首行动』就是通过精准的打击，首先消灭敌方的首脑和首脑机关，以最快的速度，最小的代价夺取战争胜利的一种战术打法。

那么，在我们这个世界上，在人类几千年的战争史上，果真是当今的美国军人最先发明和实施了『斩首行动』这一奇妙的战术打法吗？

会笑的首级

成吉思汗激情坎坷的脚印一步步弥合着古老草原的心灵裂缝。各为其利，互掠不休的蒙古部落一个个被整合了，恩怨重重杀戮至今的塔塔儿、克烈亦惕等其他部族也先后被整合了。这样，蒙古草原东部、中部的广大地区和生活在那里的族种人群全部归入了成吉思汗的政治版图。一个被大大小小的利益势力割据已久的苦难草原就要修成分久必合的历史正果了。这个正果的瓜熟蒂落就差西部那片草原的回首归统了。可是，生活在那里的住民和他们的首领们会有这样的自觉吗？他们会向成吉思汗和东部的草原张臂归来吗？

不会的。那时占据这片草原的是一个叫乃蛮的强大部族。关于这个部族的族属，有的学者认为他们是黠戛斯人的一部分，属突厥语族；有的认为，他们是属突厥语族，但应该是回鹘人的一支；也有的认为，他们的习俗与蒙古相似，应该就是蒙古人。我没有能力为这个部族找到真正的族属，在这里只能说，他们是文明程度较高的，视蒙古人为恶臭的，誓与成吉思汗不共戴天的强悍人群。他们当时的首领叫塔阳罕，是个颇有头脑的领导人。乃蛮部的这个首领不仅不会有欣然归统的历史自觉，反而正以“天下岂可有二罕同时并立”的壮志收罗着反成吉思汗的各路人马。泰亦赤兀惕的残余们来了，失意豪杰札木合也来了。如今，突遭强袭，仓皇逃出的王罕也向这个方向一路跑来了。

《蒙古秘史》写道：“王罕、桑昆二人一路出逃到的的克撒合剌附近的涅坤水一地。口渴难耐的王罕走到水边喝水时被乃蛮哨兵豁里速别赤抓获。王罕对豁里速别赤说：‘我是克烈亦惕部的王罕！’可是，豁里速别赤既不认识，也不相信他，便把他杀掉了。”一位让人颇感可爱而又讨厌的古代君主就这样被杀了。他的惨死是因为那反复无常的性格吗？是因为轻信谗言的秉性吗？以前，我曾认同过这种说法，可现在觉得事情并非这般简单。王罕之所以有这样的结局，应归咎于作为领袖级人物的他既未洞察已露端倪的历史新走向，更未把苍生的生息与历史的走向转化成自己利益目标的愚笨认知。因为这样，他无法做到心定，无法做到坚定，更不能选择目标长远的发展战略。所以，他走向了这一结局。他的这一结局，不能不让我们想到一个叫萨达

苏尼特岩画

长嘶 （妥木斯 选自《民族画报》）

姆的伊拉克前总统……

就这样，王罕半路被杀了。他的儿子桑昆也和父亲一样，在随后的逃路上被他人杀掉了。桑昆的死，犹如羽毛落地毫无声响。而王罕的死去，则像打开了潘多拉魔盒，在乃蛮大地上引发了一个接一个的怪事。《蒙古秘史》写道："乃蛮部首领塔阳罕的母亲古儿别速说：'王罕乃为昔日贵族，年迈的大罕。可将首级取来，如果是他，我们就祭祀他！'于是，派人到豁里速别赤哨所，取来首级一看，正是王罕之首。乃蛮人立即将王罕首级安放在白色毡子上，前面摆好供品，举行了众媳妇执礼，敬酒献乐，敬献供品等祭悼仪式。众人正在祭悼时，王罕首级莫名其妙地笑了一下。见首级发笑，塔阳罕顿生怒气，立即叫人踏碎了王罕的首级。"何等奇怪的一幕闹剧呀！如想验明王罕尸身，派一名见过他的人不就行了吗？怎有必要砍走其首级呢！如想祭奠他的亡灵，可以选择的方式应该是很多的，怎有必要把血淋淋的人头放在那里呢？首级既然取来了，也放上去了，为何不用一些布品遮盖一下，好让人们看不见皮肉萎缩的可怖脸面。一切是这样的粗糙，这样的不经心，终于让一颗血肉模糊的人头莫名其妙地笑起来了。事已至此，就算是王罕亡灵在天有感了。可是他们又不这样认为，毫无人道地将他踩烂了。他们想要干什么呢？别说是八百多年以后的我，就是当年他们带兵打仗的老将也未能揣摩出其中的用意。

《蒙古秘史》接着写道："见此情景，可克薛兀·撒卜勒黑说道：'不应取来死人的首级，更不应如此地踏碎它。近来，我们的狗儿叫声有些怪异。早年，先罕亦难察必勒格在世时曾这样说过：

在我年迈白发的时候
夫人尚还年轻的时候
幸得老天保佑
生下了我儿塔阳他！
生来俊秀的塔阳他
年少幼稚无经验
不知能否掌管好
我辈留下的家国江山？
先罕所说甚是，如今
黑狗汪汪
其声怪异不祥
罕母揽权
掌管家国之事
看来塔阳你啊
的确是个庸懦之人！
你除了放鹰狩猎之外，实无其他本事！'

"塔阳罕听罢便说：'听说在那东方住有少许蒙古人。他们以武力相胁，逼死了年迈的王罕老人。难道，他们也想称霸称罕？为使大地明亮美丽，天上有日月二轮生辉。可是，天下岂可二罕同时并立？立即发兵征服他们，并把他们驱赶到我们这里来！’”

看吧，这般折腾的真正用意终于被说出来了。他们虐待一个死人的尸首，若有其事地行祭举哀，又毫无顾忌地踩成烂泥，其目的只是为了营造一个讨伐成吉思汗的社会理由，以使自己占去道义与民意的有利地形。如今，罕廷的用意已被亮明了，只是在如何处置蒙古人的问题上他们的意见尚未一致起来。

塔阳罕的意见干脆而彻底，主张要“把他们驱赶到我们这里来”，以根除蒙古人兴风作浪的生存根基。可他的母亲(也说是从他父亲手里承接下来的妃子)则不以为然：“没有必要这样做。那些蒙古人衣着脏污，身有臭味，还是离他们远一些为好。只可以掳来其中姿色上好的女子，洗净其手脚后，可以用来挤牛羊之奶！”极其显然的妇人之见，塔阳罕既没有反对，也没有同意，而直奔战略主题地说道：“管他怎样，这就去夺取蒙古人的弓箭！”

乃蛮人攻打蒙古人与成吉思汗的决策就这样形成了。于是，塔阳罕不顾他人的反对，强行启动了讨伐成吉思汗的既定计划。《蒙古秘史》写道：“塔阳罕不顾可克薛兀·撒卜勒黑的再三规劝，执意派脱儿必塔失为使，至汪古惕部阿剌忽石的吉惕忽里说道：‘东方住有少许蒙古，近来颇为猖狂。请你做我右翼，我们马上出发，去夺取那些蒙古人的弓箭！’”

这样，强大而自信的乃蛮部族和他的首领，把一场可以预料但无法预期的战争强加给了蒙古人与成吉思汗，不给他们片刻的喘息机会……

白度母像（蒙古国大使馆提供）

文殊师利·三世佛像 (蒙古国大使馆提供)

遍地篝火

我相信，一个远大的理想能够成就一个伟大的人物，但绝不认为成吉思汗是在理想的引领下成就惊世伟业的。恰恰相反，成吉思汗是在不断破解难题和战胜挑战的过程中走向成功的。比如说，少年时期泰亦赤兀惕人对他的绑架，无名劫匪对他八匹马的劫掠；比如说，篾儿乞人抢去他新婚的妻子，札木合率三万人马袭击他的营盘；又比如说，十三部联盟对他的挑战，王罕、桑昆向他发动的强力突袭。面对一而再，再而三的这些劫难，成吉思汗是在马不停蹄地破解和战胜中走到今天的。如今，强大的乃蛮部向他宣战了，他又以怎样的方式应对和战胜这一挑战呢？

在是非纷争的关键时刻，总有一些清醒明智的人。生活在八百多年前那个纷乱年代里的汪古惕部落的头人阿剌忽石就是这样一个让人钦佩的人。学者们说，这个汪古惕部是沙陀突厥人、回鹘人、室韦鞑靼人、吐谷浑人、党项人和契丹人等长期融合而成的特殊部落，他们的住地就在成吉思汗的南侧阴山以北的地区。接到乃蛮部塔阳罕“请你做我的右翼，我们马上出发，去夺取那些蒙古人的弓箭”的战邀后，这个部落的头人阿剌忽石的态度十分明确。《蒙古秘史》写道：“‘我做不了你的右翼！’阿剌忽石的吉惕忽里送回塔阳罕的使者后，立即派名为月忽难的使者对成吉思汗说：‘乃蛮的塔阳罕要夺取你的弓箭。他约我做右翼，我未肯。今我派人告知了你，你要多加小心，可别让敌人夺取你的弓箭！’”

在八百多年前的那一天，汪古惕首领阿剌忽石以这样的举动显示了他的清醒与深远。在那场乃蛮部强加给成吉思汗的战争中，这位汪古惕部头人的选择绝对是当时社会的道义风向标。看来，乃蛮人打出的“王罕牌”未能得到社会的认可，反而在是非的判断上让人们选择和靠近了成吉思汗。这样，阿剌忽石的使者就来到了成吉思汗这里。使者风风火火到来时，成吉思汗和他的将士们正在兴致勃勃地打猎。看来，这时的成吉思汗是轻松愉快的，甚至是没有什么其他打算的，至少是尚未完成事业发展的升级思考。所以，他才轻松，才有心情去享受着人和动物追逐打斗的天然快乐。有人认为，狩猎是游牧民族的军训方式，是强化其骑射能力的必要手段。所以，他们常行狩猎，以健身心。甚至认为，清朝皇帝们奢华的行猎活动是为保持满族人勇武能力的一种办法。其实不然，这是自然功效与目标功效的认知混淆。狩猎，本是游牧民族曾经的生存方式，是他们获取天地恩泽的神奇手段。转入游牧生活后，它仍以生存的辅助形式长期留存在草原上。此间，它不仅强健了游牧人的身心，更是成为了他们集体

供在敖包上的马的头盖骨　（蒙古国大使馆提供）

娱乐的心灵记忆。后来，它那获取食物的需要逐渐被淡化，一步步地演化成了人们享受自然、愉悦身心的娱乐形式。再后来，随着自然条件和社会条件的变化，它的内容和形式不断被虚拟化，最后转型成了草原上的那达慕。无论是当今的那达慕，还是古时代的狩猎活动，都是草原人极其喜欢的娱乐享受。所以，当整合了克烈亦惕而心情愉快的成吉思汗正在享受这一快乐时，一场战争的灾祸又降临到了他的头上！

《蒙古秘史》写道："知此变故，成吉思汗召集众将，就地商议对敌良策。众人说：'我方战马尚还瘦弱，眼下没有什么克敌制胜的好办法。''怎能以战马瘦弱为由呢？我的战马是肥壮的！听到此等消息，怎可坐以待毙呢！'斡惕赤斤那颜(成吉思汗弟，名铁木格)如此说道。"面对乃蛮部咄咄逼人的战争挑衅，一场应对之策的讨论就这样开始了。对将士们来说，这场战争的到来实在不是时候。因为，与克烈亦惕部落和王罕进行的从败退、转移，再到歼灭的艰苦战事刚刚结束，他们精疲力竭的劳顿尚未得到缓解。尤其是马匹的瘦弱，直接表示着他们战斗力的薄弱与低下。在这样一种情况下，他们实在是找不到克敌制胜的好办法。尽管，成吉思汗的弟弟铁木格表达了不同的意见，但也未能讲出解决问题的具体办法。

就在这时，成吉思汗的异母弟弟，令我们颇为关注的别勒古台又开口说话了。

卡尔梅克共和国的蒙古族纪念雕像 （阿拉塔 选自《民族画报》）

《蒙古秘史》写道：“别勒古台那颜(长官)也颇有同感地说道：

‘身为七尺蒙古汉
当视弓箭如生命
如让他人夺之去
活在人世有何意？
双手紧握弓和箭
头下枕着弓箭包
身尸傲骨抛原野
热血男儿何所惧！
乃蛮小主塔阳罕
仗其人多地域广
仗其草美牛马壮
才出欺我疯狂言！
趁他此般狂妄际
我若策马去袭击
其地其人其弓箭
取而夺之极可宜！
今我举兵突袭之
断他无防必乱之
无暇顾及牛马群
只为保命逃将去！
部众属民失管束
将向四处仓皇逃
天赐良机不可失
跨上战马去杀敌！’”

有英雄的气概，坚决的态度，更有对情况的分析和战术的选择，且也有对过程的推理与结果的判断。在一场无法回避的战争面前，蒙古人可能选择的良策应该是只有这样了。于是，在普遍怯战的情形下，成吉思汗选择和采纳了别勒古台的建议，决定对狂傲的乃蛮部进行先发制人的打击。

纵有再好的战术妙计，如果没有一个过硬的队伍来实现，那它只会是一张画在纸上的甜饼。那么，如何把身心疲劳的、充满怯战情绪的、为战马的瘦弱担心不已的队伍改造成一个精神焕发、斗志昂扬的队伍呢？那就是改革！《蒙古秘史》写道："成吉思汗采纳了别勒古台那颜的此番建议，便撤出猎场。……到达合勒合河畔的斡儿讷兀山前客勒贴该合答下营整军。在整军期间，成吉思汗制定了军事编制，委任了千夫长、百夫长、十夫长及参谋官等军中各级官员。……同时将军队以十人组、百人组、千人组编队妥当，又组建了八十人的宿卫队，七十人的近卫队及贴身侍卫等，并从十夫长、百夫长、千夫长及百姓儿子中挑选出智聪体健者编入其中。"这样，把一个以部落为队、按需聚散的，缺乏整体组织、难以统一指挥的，大有地方私人武装性质的队伍改造成了整体统一、组织严密、直接由成吉思汗号令指挥的职业化军队。从民间化到职业化的转型，从头领到军官的转变，尤其是交错在战斗队和护卫队中的血肉利

蒙古国东戈壁省的萨仁呼赫遗址 （蒙古国大使馆提供）

益关系，不仅提振了人们的斗志，同时也更加紧密了队伍间的责任与担承。一支正规化、职业化的军队就此诞生了。这就是改革的神奇之力啊！同样是原来的那些人，同样是原来的那些条件，组织结构一经更新，利益关系一经调整，他就能焕发出勃勃的生机与无穷的力量。如果没有经历中国的改革，我永远不会理解这一点。

于是，公元1204年4月16日，成吉思汗举行了庄严的祭旗仪式后，挥师向西，踏上了先发制人的打击之路。可是，世间之事瞬息万变，当成吉思汗的队伍就要开进乃蛮地界时，不仅被其哨兵发现，而且又被抢去了一匹套有鞍子的战马。这可是兵之大忌呀！先发制人，贵在先发、贵在突然、贵在乘其不备。可如今一切都暴露了，包括战斗力不强的标志——瘦马。这样，不仅不能先发制人了，反而使自己陷进了一举被歼的危险境地。退吗？前功尽弃；进吗？战机已失。在进退两难的这一刻，究竟怎样才能转危为安，怎样才能扭转战机？

《蒙古秘史》写道："知此变故，已行至撒阿里旷野的成吉思汗立即与众部下商量应变之策。参谋官朵歹对成吉思汗说：'我方人寡，又是一路劳顿而来。因而，应就地下营休整几日，好让马儿吃些饲草。同时将人马分散到撒阿里旷野各处，令于入暮时分每人点起五堆篝火造势于敌。据说乃蛮部人多势众，但他们的主子却是一个未曾出过家门的娇生惯养之人。用遍地篝火威慑敌人，在他们懵然之际，我方马儿将会吃饱饲草。待马儿吃饱后，我们立即发起攻击，直将乃蛮哨兵驱入其主力营地。如此一来，敌兵必乱无疑，我军可乘机发起闪电般的打击。如此可否？'成吉思汗决定采纳此计，便下令道：'照此做去，点起火来！'"

真是态度决定行动啊！无论是怎样的情况，一个积极的态度总是向着成功的方向谋划自己。一堆堆篝火点起来了，一个叫撒阿里的旷野变成了落地的银河，变成了巨大的谜局！篝火激情地燃烧着，它那满天的红光、炽热的烈焰，能够迷惑乃蛮人？能够制止他们一举歼来的可能吗？

中古草原上的“斩首行动”

乃蛮人果真上当了。

《蒙古秘史》写道：“夜幕降临，乃蛮哨兵从康合儿罕山顶望见遍地火种，顿起疑惑：‘不是说蒙古人人少势微吗？点起的篝火怎么却多如繁星呢？’便急忙向塔阳罕派人送那匹青白瘦马的同时报告道，‘蒙古军已至撒阿里旷野，其营帐满地。且见有增无减，如潮水般涌动不断。其点起的篝火漫山遍野，多如繁星！’”

信息是决策的指南针，情报更是战术的导航仪。尤其是信息与情报的精确与否将直接影响战术选择的对错成败。看来，乃蛮人没有充分认识到这一点。他们的哨兵不仅延迟了第一条情报的送达，而且在没有探明虚实的情况下，把第一条真实的情报与第二条虚假的情报捆绑在一起，与那匹瘦马一同送到了塔阳罕的住地。于是，认为蒙古人少许无几的塔阳罕就根据这样一个真假混淆的情报安排和布署了自己的战术行动。关于塔阳罕的作战布署，《蒙古秘史》是这样记述的：“听罢来人所告，塔阳罕派人向其儿子古出鲁克罕说道：‘蒙古人的马匹很是瘦弱，所点之火却是多如繁星，可以断定赶来的蒙古人颇多。所以：

今若与这丑陋的蒙古
交上手来开始厮杀

将会很难脱其纠缠！
刺其脸颊而不曾眨眼的
流其黑血而不曾回头的
蒙古大汉鲁莽而又刚硬
我方不宜与其仓促交战！

“‘如今蒙古人的马匹尚还瘦弱。现在，我们须将拖着他们向阿勒台山转移，等到越过阿勒台山后，我们布好阵势等待战机。当蒙古军队被我们拖得精疲力竭地走到阿勒台山脚下时，我们迎击消灭他们！’”

穆斯林人眼中的成吉思汗（巴拉吉尼玛 选自《民族画报》）

我们的文化传统对败者一直是有失公平的。我们总是不爱去正视他们、亲近他们，不爱去感受和分析他们之所以那样的本真原因，反而总是习惯以蔑视的心态，贬低的语言去形容和描述他们。因为我们顺从，更因为过于人云亦云，所以我们就成了“胜者为王，败者为寇”之观的同谋，成了最不负责任的言语者。乃蛮部首领塔阳罕就是被这种评述模式对待已久的一个人。在先前的著作中，在曾经的讲堂里，那些让我们钦佩不已的先生们都认为塔阳罕是个怯懦无能、狂而不智的权力摆设，连《蒙古秘史》也说他是“从未踏越过孕妇便溺的小圈”的懦弱之人。这种一味的贬低，曾使我也产生过足以败之的错觉。其实不然，塔阳罕不仅不是怯懦无能的胆小鬼，而应是一个很有心计的头领人物。如今，他所制定的‘拖而歼之’之术就是一个例证。如果，战马瘦弱的成吉思汗被他拖着走，那么阿尔泰山那侧的某一地段可能就是成吉思汗与蒙古军队的“滑铁卢”。可是，塔阳罕的这一战术抉择却被那些短见的英雄主义者们推翻了。第一个出来反对的就是他的儿子古出鲁克。

《蒙古秘史》写道：“对此，他的儿子古出鲁克罕颇为不满地说：‘塔阳罕怎么像个懦弱的女子，尽说些泄气的话。蒙古人怎会那么多？他们的多数随札木合在我这里。

从未踏越过
孕妇便溺的小圈
从未走出过
牛犊撒欢的草场
懦弱如女的塔阳
胆小如鼠无用途！’

“古出鲁克罕不仅没有听从塔阳罕的计策，反而用如上言辞侮辱一番后，向塔阳罕派去了自己的信使。”

这哪像是个儿子呀，简直就是畜生一个。而塔阳罕那带兵的手下大将也是有过之而无不及。《蒙古秘史》写道：“他手下的一个大官豁里速别赤说道：‘你的父亲亦难察必勒格罕在世的时候，

未让敌人见过其
负有弓箭的男儿背
勇猛杀敌直向前
未让战马退半步！

“‘如今你为何如此心怯不止？如果早知这样，还不如请你母亲古儿别速来指挥我们战斗的好。可惜呀！自可克薛兀·撒卜勒黑将军老了以后，我们的军纪日渐松弛了。这是天助蒙古啊，我们必吃败仗！……塔阳罕你的确是一个懦弱无能的人啊！’说罢，捶打着弓箭套愤然离去。”又是一个鲁莽无礼的手下！

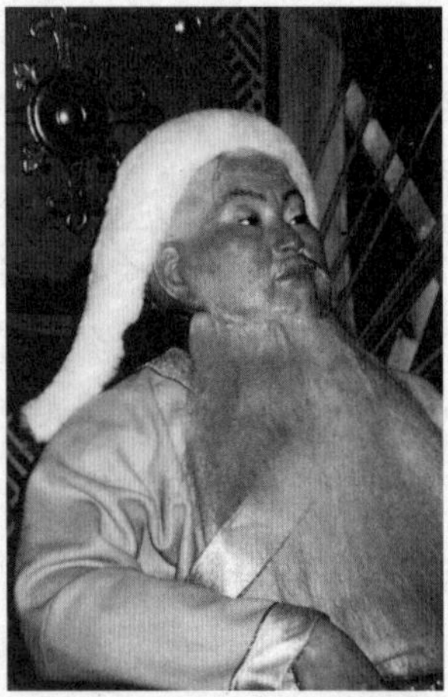
成吉思汗蜡像（巴拉吉尼玛 选自《民族画报》）

让人失去理智的最好办法，就是用侮辱的动作，蔑视的目光，过激的言辞嘲笑和刺激。塔阳罕被激怒了，他的理智全然消失，猛一转身却走向了

命运的另一端：“生死一命，痛苦人生，不都一样吗？那就开战吧！”这样，塔阳罕放弃向西移动的计划，转而挥师向东愤然出发了。就在这由西向东的变化中，乃蛮部落命运的方向也被彻底改变了！

草原上的两支队伍终于怒气冲冲地面对面了。一方是人多势众、兵强马壮而指挥系统出了问题的乃蛮大军；一方是战马瘦弱、人数较少而同仇敌忾的成吉思汗军队。有学者说，他们的力量对比是五比一，也有的认为八万对三万。我不知道究竟是多少对多少，史书信息只是告诉我：他们的实力很悬殊。那么，在冷兵器时代，在面对面搏杀的情形下，一个人少力弱的队伍如何确保不被消灭，且能赢取战斗的胜利呢？就让我们看看成吉思汗是怎样做的！

成吉思汗蜡像（土耳其）（巴拉吉尼玛 选自《民族画报》）

首先是简短的战前动员。成吉思汗说：“人多者损失多，人少者损失少。”这是一句提振士气的话，也是决战拼杀的号角。接着成吉思汗下达了本场战斗的战术指令。他说要排成山林一样的阵势，形成湖水一样的合力，发动钻孔一样的打击。之后，成吉思汗将中军主力和后续部队交给两个弟弟指挥后，亲自率领先头部队向乃蛮军的统帅部——塔阳罕所在的方向发起了第一轮钻孔式的攻击。塔阳罕指挥部连连后退，很快退到了一个叫纳忽山的南麓摆下了军阵。这时第二轮钻孔式攻击又开始了。本轮攻击是由成吉思汗的军中四杰者别、忽必来、者勒篾、速别额台担任。待第二轮攻势打下来，塔阳罕和他的指挥部又后退到了这座山的山坡上。紧接着，第三轮钻孔式攻击又开始了。这支由兀鲁兀惕、忙忽惕部落勇士们组成的敢死队把塔阳罕和他的指挥部逼退到了纳忽山的山腰上。就在退到山腰上的塔阳罕及其军队阵脚未稳时，成吉思汗亲率其精锐又发起了第四轮的钻孔式攻击。本轮攻击又把塔阳罕及其指挥部逼退到了纳忽山的山口。这时，合撒儿率领的中军主力开始了第五轮的攻击。塔阳罕及其军队再也无力抗击了，于是纷纷向山顶爬去。成吉思汗一轮又一轮的钻孔式攻击终于见效了。随着成吉思汗幼弟铁木格及其后续部队发起的第六轮攻击，塔阳罕和他的队伍已被牢牢地围困在了这座纳忽山的山顶上。

夕阳，血色浓浓地落去了。黑夜里被围困的乃蛮队伍终于彻底垮下了。他们不仅不谋划突围的办法，反而纷纷脱离塔阳罕和他的领导逃命去了。被认为蒙古之主部的札木合逃走了，塔阳罕那说大话、反对西进的儿子丢下父亲也逃走了。兵勇们更是乱作一团，在夺命逃去的过程中掉进悬崖死去了。关于塔阳罕和他指挥部人员最后的时刻，《史集》一书写下了令人震憾的一个细节："塔阳罕身上负了多处重伤。他躲在

速别额台

者勒篾

忽必来

难以攀登上去的山坡上，豁里速别赤等几个异密跟随着他。他尽管费尽力气想爬上山去再战，但由于伤势沉重无能为力。当时，豁里速别赤对别的异密和那可儿们说：‘等一等，让我来说几句话吧。我知道，我说的话能让他振作起来！’于是，他说道：‘塔阳罕啊，我们在山下，要爬上山坡去。起来，让我们去厮杀吧！’他听到了这些话，但却动也不动。豁里速别赤又说道：‘塔阳罕啊，你的哈敦们(夫人)，尤其是你所宠爱的古儿别速，全都打扮好了，将斡耳朵(宫帐)收拾好了等着你呢。起来，我们到她们处去吧！’这些话他也听到了，但他一动不动，他爬不起来。豁里速别赤对那可儿们说：‘只要他还有半点力气，他总会动一动或回答我们的。现在，在我们看到他死去前，让我们在他面前厮杀吧，让他看到我们战死吧！’他们下了山坡，进行激战，直到全部战死为止。成吉思汗想活捉他们，他们无论如何也不让，直到战死为止。”

就这样，塔阳罕死去了，保持着不容嘲笑的生命尊严。至此，一个叫乃蛮的强大政治实体从蒙古草原的历史上彻底消失了。我不想探究乃蛮人失败的原因，而只想说：这就是成吉思汗策划、指挥的冷兵器时代的“斩首行动”和它所带来的直接成果。因为，成吉思汗选择和确定了塔阳罕和他的指挥部为惟一的攻击目标，所以在与强大的乃蛮军对阵时形成了局部目标上的绝对优势，这样才以最快的速度，最小的代价取得了这场战斗的胜利！

中古草原上的“斩首行动”就这样演过了。它对我们来说，也许只是一个故事，也许就是用心去提炼和转存的记忆财富！

金沙湾山居（选自《民族画报》）

卷十二 崛起的盛典

公元1181年，当成吉思汗离开札木合，离开庇护他于危难的安答之情，在夜色朦胧中向另一个方向走去时，我们曾深情地回望过被那大小王朝割据已久的古时祖国。那时，我们也曾为那些割据者的利益目标、历史责任及奋发能力表示过深深的失望，同时也对向另一个方向走去的成吉思汗寄予过很大的期待。如今，二十多年过去了，成吉思汗抛着头颅，洒着热血，一步步把七零八落的蒙古草原统一到了一起。

饱受分割之苦的草原，终于以一体统一的姿态山连山、水连水，花草与花草们亲切地相拥了。那么，拥有了一个神奇的草原和广大民众的政治实体，成吉思汗将要选择怎样的生存方向，将要走向怎样的历史之路……

铲平最后的裂沟

1987年的夏天，我一岁半的女儿已是脚步蹒跚，牙牙学语了。那生命节奏开始启动的姿式，那心灵感知开始醒来的情形，实在是可亲之极、可爱之极。就在那时，我参加全国少数民族新疆笔会，走一圈下来四十多天。因为初为人父，因为心中是女儿，梦中也是女儿，所以回来时买了很多玲珑的饰品和玩具，好让她乐开心花。可是，待我回来后女儿不仅不找我，且还用陌生的目光注视着我，当我跨步去抱起她时，她却恐惧地哭了起来。因孩子幼小，又多日不见父亲，她不认识我了，于我陌生了。当时那个情景，不仅好玩儿、好笑，也让我感到了一丝的心酸。时间是多么可怕的东西呀，它不仅能不停地刷新生活的内容，也能不断冲淡心灵的记忆。是啊，如果一个人，一个团体，一部人群长时间地游离在整体之外，游离在整体的利益、理想和事务之外，那么他对整体的态度、情感、认同等都将缓慢变异。尤其可怕的是与整体的反向游离，就有可能导致部分与整体的对立，就有可能使部分演化成为敌视整体、破坏整体的巨大威胁。在人类发展的历史中，在天然存在的整体被生活反复确证的进程中，这是避而未绝的一种现象。对这样一种现象，我们智慧了的当今人类正在寻找合理有效的解决办法，而且必将继续寻找下去。而在古代，可能的选择并无多少，要么放任而去，要么就强力收统。成吉思汗对篾儿乞部落就选择了强力收统的办法。

在仇恨被无限放大的那个年代，篾儿乞部落不堪仇恨角逐的残酷，是最早从蒙古部族的联盟体系中决裂而去的。之后，他们一直置部落利益于部族利益之上，一直置个体需求于历史需求之上，长期游荡在蒙古草原的统一进程之外。而且还怀着满腹的仇恨，不时地满足着复仇的欲望。近百年过去了，随着乃蛮部塔阳罕的迅速覆灭，纠集在这里的各部落残余除了札木合之外纷纷归服了成吉思汗和他那统一了蒙古高原的政治实体。只有篾儿乞人大为另类，他们不仅没有转身归统，且还敌意满怀地举部逃向了他处。怀恨逃去的队伍，决不是自行消散的烟云，而是一把风中起舞的战刀，随时可能砍向成吉思汗和他所创立的统一事业。所以，成吉思汗坚决果断地踏上了追歼篾儿乞的征途，未给自己和敌人丝毫的喘息之机。

《蒙古秘史》写道："同年秋天，成吉思汗于合剌答勒一地打败篾儿乞惕部脱黑脱阿别乞，并将其驱赶到撒阿里旷野，一举掳取了篾儿乞惕百姓、家畜及财物。脱黑脱阿别乞带着忽都、赤剌温二子及几名手下逃遁而去。"虽然，挟持属民为工具的几个头人逃走了，但作为基本部众的篾儿乞人就这样被强行兼并了。那么，在整体之外游荡了多年的人们，对整体的认同发生了变异的心灵，能否顺利地融合到整体之中？能否平稳地过渡到整体的利益之中？我不敢说决对不会，但至少当年的篾儿乞人未能顺利地融入进来。《蒙古秘史》写道："成吉思汗一举歼灭篾儿乞惕部掳获其百姓后，将脱黑脱阿别乞之子忽都的两个老婆秃该、朵列格捏中的朵列格捏赐给了斡歌歹。其间，一部分篾儿乞人出逃，到台合勒一地筑起了营寨，负隅顽抗。于是，成吉思汗下令道：'命锁儿罕失剌之子沉白率左翼大军围歼立下营寨的篾儿乞惕！'成吉思汗则亲率一支队

追月丨

伍继续追击仓皇逃走的脱黑脱阿别乞及其子忽都、赤剌温等另一部篾儿乞惕人……”

认同变异导致的反向异化，不得不使成吉思汗分路用兵，彻底铲除这一裂沟。经过半年有余的全力追剿，哗变反抗的篾儿乞人和他们逃向他处的头人们终于被歼灭了。对此，成吉思汗不无感触，《蒙古秘史》是这样记述的：“‘本想包容并善待他们，可他们又反了！’成吉思汗便将这部篾儿乞惕人一个不留地分给了众手下。”

也许，成吉思汗对认同异化的危害有着清醒的认识，也许就是家室恨仇使然，就这样将篾儿乞人强行拖回到了蒙古部族的整体之中，拖回到了统一事业的利益之中。就在这时，一个特别的人也以特别的方式来到了成吉思汗身边，这个人就是札木合。

关于札木合的到来，《蒙古秘史》是这样写的：“当乃蛮人、篾儿乞惕人被成吉思汗彻底征服时，曾在乃蛮部栖身的札木合也失掉了所有的族人百姓。慌乱之际，他只与身边心腹五人逃到傥鲁山为盗。一天，当五人烤吃一只猎获的公盘羊时，札木合说道：‘今天，谁人的儿子们在如此享用盘羊野餐？’听罢此话，五个同伴将正在贪食无备的札木合捉拿到了成吉思汗住处。”

札木合

札木合就这样来了。一个曾经的童年挚友，曾三度结义的亲密安答，曾奋力救助成吉思汗妻子于危难的恩人，也曾为报弟弟被杀之仇而反目成仇的敌人，之后一直与成吉思汗较劲至今的札木合就以这样的形式来到了成吉思汗这里。我曾竭尽全力地想象过札木合这时的心情、神态和模样，但终究未能构勒出他那本该的情形。也许，让我想起的事情太多太多，事情背后的原因又复杂多样，使我这可怜的想象变得苍白而无力。尽管这样，我无法绕过札木合，无法将他忽略不计。不论史家、学者们如何贬斥札木合，在我看来他就是那个割据纷乱年代的人化象征。他有才干，却没有思想；有能力，却没有政治；有想法，却没有战略；有义气，却没有原则。因为这样，也因为那个割据纷乱的存在形态已在他的脑海中牢固定格，所以他只能为还原曾经而奔波，只能为守持尊严而奋力，所以也常常是事未成而身先退，志未酬而心先死。一个被时代锁定了性格的人，一个被性格锁定了命运的人，能给我们怎样的启示，怎样的思索？当一个时代临近终结，另一个时代开始起步时，他与成吉思汗别离在夜色朦胧中。如今，那个时代彻底被新的时代取代时，他在灿烂阳光下又和成吉思汗见面了！那么，时运已去的他竟将如何面对成吉思汗？成吉思汗又将怎样对待他？

《蒙古秘史》写道："札木合被自己的同伴擒来后，对成吉思汗安答说：

'山上的乌鸦
如今捕起了天鹅
卑贱的下奴
如今擒起了罕主
可汗安答明断
此为哪般世道？
林中的斑雀
如今捕起了雄雉
下贱的家奴
如今围捕了罕主
可汗安答明断
此为哪般举义？'"

依然是曾经的认知，曾经的心态！他不知道那个时代已经结束，不知道人心朝向了另一个方向。所以，他要成吉思汗解释和明断。成吉思汗没有解释，可能也解释不了，于是就用江湖的办法满足了札木合的诉求。

《蒙古秘史》写道："听罢札木合所言，成吉思汗下令道：'胆敢冒犯自己的罕主，这样的人如何处置为好？这样的人能与什么人交往？将这些冒犯自己罕主的贱民斩杀勿留！'于是，在札木合的见证下杀死了冒犯他的几名随从。"也许，这是札木合未曾料到的，然而更让他出乎意料的是成吉思汗接下来的一席话。成吉思汗说：

"咱已分离久

今再重归好
望你从此起
作我车一辕
莫再起异心！
同居在一处
和好如当初
互陈所忘事
相唤共寐醒！
虽曾离我奔他去
但却处处见你心
每到生死战起时
你总为我揪着心！
虽曾弃我寻他去
你永远是我安答
每到与敌激战时
你都替我担着心！”

不要求“性命般不相舍弃”，也不计较世事沧桑中的种种不是。成吉思汗体谅了札木合，很想和他“今再重归好”。可是札木合不能了，他知道自己做了些什么，也知道该去怎样的地方了。于是，他说：

“在那远去的日子里
在那美好的童年里
在那豁儿豁纳黑川谷地里
我与你结为了安答！
二人相处形影不离
游戏玩耍总在一起
夜寐共钻同一被窝
日来同思一种心愿！

后来我中谗言之惑
又中他人离间之计
背弃旧情离开了安答
踏上了一条陌生的路！
念起昔日难忘的言语
犹如扒去脸上的薄皮
念起过去笃诚的情意
犹如撕下面上的表皮
无颜面对愧心自责
躲避着走到了今天！
如今安答又念旧情
劝我回头重修旧好
可我不幸失尽良机
需友之时未能相伴！”

情真意切，而又感人肺腑。只说情谊，只说愧疚，而只字不提曾经的给予，曾经的帮助，札木合想要干什么呢？他说：

“恐将扰你夜里的梦
恐将坏你昼里的心
恐将成你衣中虱子
恐将成你袖上刺！

“所以，请求安答降恩，赐我速死，以平安答之心。如安答降恩赐死，则求安答赐我以不流血而死！”

尽管成吉思汗念情念意，也尽管不计较一切之过错，但札木合终于宣判了自己！是的，那个割据纷乱的时代已经死了，作为它的人化象征，札木合怎能不随它而去呢？！就这样，在缠锦的情意中，在两个时代完成交接的分水岭上，成吉思汗和札木合也完成了最后的道别。

《蒙古秘史》写道：“札木合即被处死，他的尸骨亦被厚葬入土。”

迎风飘舞的圣白苏鲁锭

当今日的时代成为遥远遥远的古代时，我们这个世界会是什么样呢？在我们曾经生活过的这些山山水水上会有多少个民族、多少个国家和多少种语言呢？这是我们忽而想起，且又想不出结果的未来问题。对于这样一个未来问题，我们已有的思考模式显然是不很适合的。在我看来，欧洲工业革命的兴起和随之而来的殖民主义扩张运动是我们观察国家与民族发展、演化规律之思考模式的分水岭。在此之前，自然的生存利益追求和对天然一体的生存版图的认同是国家和民族发展演化的主要内容。而在此之后，历史发展的这一自然走向被强霸起来的列强们改变了。他们把放大成世界化的个体利益考量强加到国家与民族发展演化的本来内容之中，不仅阻挠和破坏了本来的演化进程，而且又给未来的发展走向增添了几多的不确定因素。这就是我们忽而去想一下，但也想不出结果的原因所在！

而对过去，我们是有感悟的。只要循着民族人群对自然的生存利益追求和对天然一体的生存版图的认同之脉络进行考察和思考，我们就可以清晰地看到那些本真意义上的国家与民族发展、演化的每一步脚印。比如说，我们正在解读的蒙古人，我这深深爱着的古老而年轻的蒙古民族。他们从一个更为古老的异名部族中衍生而出后，在追求自然的生存利益的过程中不断地繁衍发展着，更是在完成对天然一体生存版图的认知过程中不断地演进和壮大着，从一个生命的个体，走向了氏族家庭、部落集体和部族人群。如今，成吉思汗又把他们统一到了他那朝气蓬勃的政治实体之中。那么，成吉思汗将带着这些整合到自己旗下的包括蒙古部族在内的各部族人群迈出怎样的下一步呢？

《蒙古秘史》写道：“至此，毡房百姓已被全部平定。成吉思汗于虎儿年(公元1206年)在斡难河源头召集盛大聚会，庄严地升起了九游白纛。在此次聚会上，铁木真被正式推举为成吉思汗，成为了毡房百姓的最高君主。”

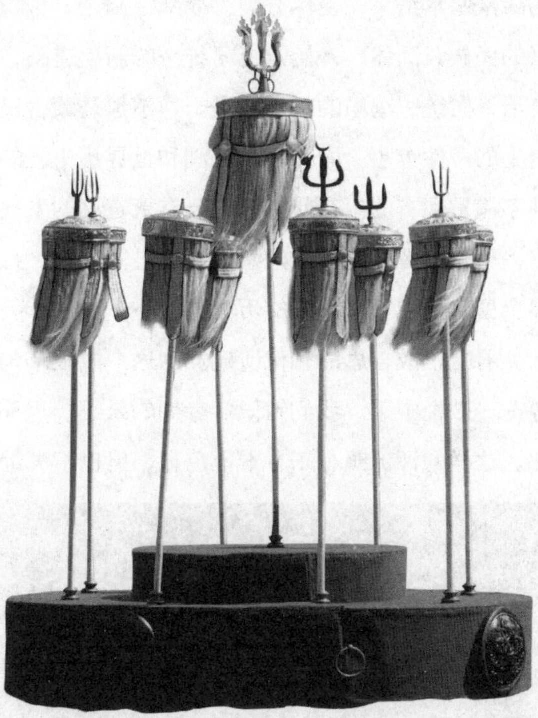

圣白苏鲁锭

啊！成吉思汗为他一一整合起来的各部各族人群建立了一个幅员辽阔而一体统一的吉祥家园。这个家园的名称叫大蒙古国，是以它多数主体的蒙古部族的族称命名的古代国家。学者们对这一古代国家诞生的盛况是这样概述的：公元1206年的春天，成吉思汗在他后方大本营——斡难河畔的草地上召开了空前盛大的聚会。参加聚会的人很多，他们都是名声显赫的新兴权贵和部落氏族的长老头人。他们聚集在一起，举行一个叫忽里勒台的推选会议，一举推选成吉思汗为这个新创国家的最高君主。然后，由当时的萨满大师以长生天的名义向草原上的所有生灵宣布：这位新创国家最高君主的尊号是上天赐予的王者符号——成吉思汗！

这样，一个以游牧狩猎为基本的生存模式，以一体统一为根本的利益所在，以圣白苏鲁锭为神圣威徽的蒙古帝国就在草原上诞生了。涉足蒙古史研究的史家、学者们，每当说到这里都会发出一段言辞激昂的感慨，都会作一番瞻前顾后的评价与判断：“大蒙古国”的建立和“成吉思汗”称号的确立，标志着漠北高原各部之间长期的战乱基本结束，受尽分裂、战乱、厮杀、抢掠之苦的漠北各部族民众结成了一个新兴的民族共同体，开始走上了统一的新生道路，并由此开始建立了独立于中原王朝的统治，向统一全国的目标迈进。这不但是蒙古民族历史上的大事，而且是中华民族历史上的一件大事。同时又是亚洲和世界历史上的一件大事，因为这个朝气蓬勃的民族并不满足现有的生存状态，它要有更宽广的发展空间，渴望占有更多土地、人民和财产，于是一经诞生，就开始踏上了进军中原，征服世界之路，不久便改变了亚欧四十多个国家，上百个民族的历史进程……

看吧，成吉思汗和他所建立的这个游牧帝国的意义、地位和所产生的影响、作用等一一被说中了。我们钦佩学者们的公正、坦荡和以历史的眼光看待问题的深远。虽然，这样的评价颇有东方本土色彩，但也不失世界史观和全球语境的本该态度。

评价是必要的，它将影响和左右后人的态度。作为一个当今的蒙古人，我非常关注和愿意倾听有关这个帝国的任何一种评说，同时更愿意窥探这个帝国为什么会产生那样大的影响与作用的背后原因。在我们人类漫长的历史过程中各种帝国的建立和消亡是司空见惯的，但他们对自己那个时代和世界历史的影响和作用远远没有蒙古帝国那样的巨大。是因为成吉思汗太伟大、太超凡、太有人类不及的能力？可是这个帝国对中原和世界的真正影响都是在成吉思汗去世之后发生的呀！是因为长生天的佑护和它那威猛无比的神力？可是当这个帝国在后来的岁月中悲壮地衰败而去时，无所不能的长生天为何不去搀扶它一下呢？是因为游牧狩猎的蒙古人太善战、太勇猛无敌？可是这个帝国的后身——大元王朝被朱元璋如稻草人般推倒时，他们那神勇的战力和无敌的强悍又到哪里去了呢？

成吉思汗统一蒙古各部

乍一看，这应该是个大问题，也应该由学者、专家们来解读和解释。但这一问题也决不会拒绝我们这些凡夫粗人们悄悄地去偷窥一下的。我们都知道，历史上的那些始皇帝、始国王们，一旦完成由凡人到天子的华丽转身后，刻不容缓地着手建设的就是保证其利益与地位的政权体制。而这政权体制的功能考量区别可能就是决定这个王朝或帝国的能力、作用与所为的关键所在。从我们已知的历史情况看，那些开国帝王们所搭建的政权体制都是按着“为我服务”的类型来设计的。他们无一例外地认为，打拼下来的那片天下就是他们自己的，而且也奢望都是他们的子孙万代的。所以，他们把自己设定为所有利益的流动方向，所有心灵的叩首方向，这样他们所构建的诸种衙门和各级权力机构就会成为以帝王服务为最高职责的功能单位。这样一种政权体制，在强固帝王的统治，保障特殊利益等方面应该有不错的功效，但它会极大地抑制这个帝国的创造力、发展力和强盛之力，进而限定了它影响和作用世界与人类的能力。也许因为生长在未很开化的游牧草原，没有用来参考的政权体制之经验积淀；也许因为生活在战乱动荡的年代，没有闲暇研究历代帝国政权体制建造的结构理念，成吉思汗一经完成国君身份的建设之后，立即创建了一个有别于以往类型的政权体制。这个政权体制的根本特征就是，成吉思汗赋予了它完全的“为我所用”的功能性质。“为我所用”与“为我服务”的最大不同是，它不抑制而鼓力帝国之内各层能力的强盛发展，以便让它用来有用、用来有力、用来得力、用来成就理想与事业！这样，这个帝国就会有足够的发展力、强盛力和冲击力，其发挥的影响和作用就可想而知了！

元世祖孛儿只斤忽必烈

那么，成吉思汗“为我所用”为功能的政权体制是如何搭建出来的呢？《蒙古秘史》写道：“见蒙古各部已被完全统一，成吉思汗降旨道：‘此次建国，众家兄弟功不可没。现在我以千户为单位，一一委付你们为千户长。’”我们都记得，两年前即公元1204年，成吉思汗在应对乃蛮部落的战争挑畔时曾经以千人为单位编制过军队的战斗力。如今，这个以千人为单位的组织形式顺势演化成了以千户为单位的政权体制的基本组织。学者们认为，这就是政权体制中的“千户制”。千户由百户、十户的两个层级组成，其十五岁到七十岁的所属男户民都是出征参战的现成兵力。这种千户很少是由单一部落组成，而是由不同部族的人户混合而成。同时规定各层级单位的属户不得离开所属的基本管理单位，出征时每户一兵的同时还要自备马匹、武器和给养。其千户长就是由成吉思汗委付的集军政、民生为一身的地方性兵营的统帅和领导人。

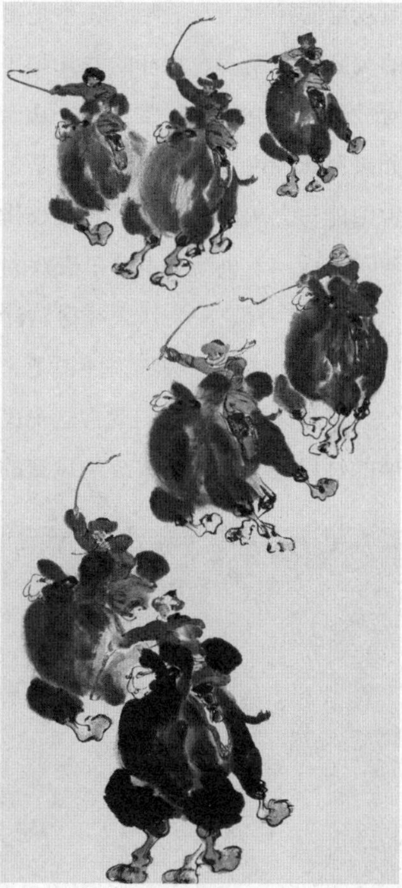

赛驼（胡德尔《民族画报》提供）

随着这一构架的搭建形成，协调其运转工作的类中央单位——万户产生了，规范其行为活动的法律条令—— “大札撒”出台了，护卫其领袖与统帅，维护其凝聚和齐心的警备部队—— “怯薛军”成立了。《蒙古秘史》记述说，“怯薛军”主要是由各级长官的长子和他们领户的智聪体健人员组成，所以它就把领袖的所需和全体的命运安危紧紧地连到了一起。这样，一个以成吉思汗为最高统帅的，以千户组织为备用队伍的，以“为我所用”为基本功能的政权体制就搭建完成了。关于这一政权体制，法国人德阿·托隆是这样评价的：“铁木真作了成吉思汗后，一举而封了95个千户，指定其中4人为‘万户’，气魄之大，迥非合不勒汗等人可及。辽金二国的开创者，甚至汉唐二朝的开创者，就这一点而论，也是难以与他相比的。项羽攻下秦都后，一举而封十八王，其慷慨大方似乎可与成吉思汗相伯仲。然而，项羽没有远见，把土地和人民随随便便送掉了一大半，埋下了杀身之祸。成吉思汗呢？一方面施惠，另一方面又以蓄养千户之子为护卫，由质子加强了对功臣的控制。”看吧，先生是多么的崇拜成吉思汗，尽以中国历史上最伟大人物的欠缺来说明成吉思汗的非凡与了不起。可惜的是，他把创建政权体制的这一举措看成了利益分配的封赏活动，从而就与其背后的功能设置区别之本质越离越远了。如果照此评说下去，元朝那该是怎样庞大的帝国呀？它的强大与华贵历史上的哪个古国能与之相比呢？可是它政权体制的功能类型由“为我所用”逐步转向“为我服务”之后，不也渐渐走向了衰败的末路吗！

天啊，真是一个让人绞尽脑汁也说不明白的问题呀，个中的复杂原因还是让我们的专家、学者们细细去评说吧。我这个半路杀出的程咬金之所以咬着舌头唠叨几句，只是为了摸清我们蒙古这个民族演化形成的大致脉络。因为，一个民族形成发展的过程是与这个民族政治风云的聚散离合密不可分的。我更没有能力把它拆分开

来，一一说个清楚。其实，事情本来也就这样，我的那些生活在中古时代的男女老少族众先世们就是被这变幻不定的政治风云裹挟着，一路来到了成吉思汗这个时代。如今，成吉思汗又把他们以“为我所用”的政权体制包裹在一起，不仅使他走向了与草原上的其他部族融汇成为一个民族的发展之路，同时又把这个游牧狩猎的族众人群带到了与人类历史的交汇处。就是从这个时候起，一个叫蒙古的古老部族转身成了闻名世界的蒙古民族！

八百多年过去了，落定的尘埃使历史的天空显得格外的蔚蓝。蔚蓝中高高飘舞着一杆圣白苏鲁锭。啊，那是成吉思汗为这个民族树起的神圣威徽呀！让我们祝福它吧，祝福它在日月的辉映下欢快地飘舞吧！

蒙古国的建立

初春里的故事

又失眠了，这让我辗转反侧无法入睡的讨厌鬼又来和我较劲了。有人告诉我，一旦失眠就坐起来看一会儿电视或翻一会儿书。但我就是不起来，就是躺在那里翻来覆去地跟它周旋。又有人告诉我，这种情况下就数数，要从一数到十，再从十数到一，数着数着就能转入梦乡。可我老是刹不住车，一不小心就数到一百，再从一百数回来时就与睡眠愈发遥远了。每到这时，我就放弃一切入睡的努力，干脆睁开双眼让窗外的世界自由出入我的眼帘。有时候是满天的星星，有时候是乌云朵朵，有时候明月高照让人想起故乡和童年。今夜又是清空万里，一轮日渐变圆的月亮又让我浮想联翩起来……

是啊，这是一轮从弯眉般的光亮一步步变圆起来的月亮呀！它那渐渐消退的阴影又使我想起了13世纪的祖国大地正在经历的历史变化。当岁月走到公元1206年，那些割据在祖国大地上的大小王朝们依然如故地僵持在那里的时候，成吉思汗却用他亲手创建的游牧帝国表达起了对天然一体生存版图的认同。就在这个过程中，我们古时的祖国版图就像今夜的月亮由亏缺渐渐变圆起来了！

当一些民族人群被一种政权体制包裹之后，他们生命作用的体现形式大致就是这样的：要么通过那个政权体制及其领袖来完成其历史的使命，要么就成为这个政权体制及其领袖表达喜怒好恶的强大力量。随着圣白苏鲁锭的高高树起，从一个部族群体转身成为民族整体的蒙古人就开始用成吉思汗和他的帝国表达起了对天然一体生存版图的历史认同。

《蒙古秘史》写道：“将朝政大制安排妥当后，成吉思汗派忽必来出征合儿鲁兀惕百姓。合儿鲁兀惕头人阿儿思阑颇识时务，立即归顺了忽必来那颜。于是，忽必来携阿儿思阑回到大本营，一同拜谒成吉思汗。为奖赏阿儿思阑不战而降之举，成吉思汗赐恩道：‘将我女儿许配与你！’”这是合儿鲁兀惕人的版图认同对蒙古人版图认同的自觉对接啊，如果没有天然一体生存版图的自然存在，如果没有对这一生存版图的一体认同，合儿鲁兀惕头人阿儿思阑怎能如此欣然地接受成吉思汗的整合呢？据史家们研究，这个被《蒙古秘史》称为合儿鲁兀惕的人，就是唐代的三姓葛逻禄，属突厥语部族。被成吉思汗整合时正在大辽王朝的遗存——西辽朝的辖管之下。因西辽统治暴虐无度，他们就顺势归附了成吉思汗。政治的因素肯定是少不了的，但没有固有的那份版图认同事情就复杂

诃额仑兀真教子

多了。

就这样，中古时期人们的版图认同感在成吉思汗的诱导下开始孵化了。不久，畏兀惕首领从天山脚下派来使者向成吉思汗表达了版图一体的自觉认同。《蒙古秘史》写道：“畏兀惕之主亦都兀惕派阿惕乞剌黑、答儿伯两名使者前来，向成吉思汗说道：

‘如乌云散尽
方见艳阳灿烂
如封冰融尽
方闻河水欢唱

“‘闻得成吉思汗大名，我等惊喜之极。今我等愿做您金带之一环，衮服之一缕，做您四子之弟而效力献忠。’成吉思汗听罢所奏，立即复语道：‘就做我第五子吧，我赐女儿与你！告亦都兀惕携金、银、珍珠、东珠、金缎、妆缎等献品前来受我赏赐！’闻得成吉思汗嘉纳之言，亦都兀惕立即携金、银、珍珠、东珠、金缎、妆缎等前来拜谒成吉思汗。成吉思汗降恩于亦都兀惕，遂将女儿阿勒阿勒坛嫁给了亦都兀惕。”又一块被西辽统治割据的地域和她的儿女们汇入到了成吉思汗掀起的版图认同活动之中。其过程中，尽管有政治、军事、利益方面的诸多原因，但对今天的我们来说有什么比我们这块生存版图从破碎走向团圆更为重要的呢？！这个自觉表达了版图一体认同的畏兀惕人就是当今维吾尔民族中古时代的英雄先民。

就这样，当民族与部族间的版图认同陆陆续续地对接起来时，成吉思汗也向居住在贝加尔湖、叶尼塞河一带的森林百姓表达了历史的认同。《蒙古秘史》写道：“兔儿年(公元1207年)，拙赤以不合为向导，率右路大军出征森林百姓。闻此消息，斡亦剌惕(森林百姓)之头人忽都合别乞率其万户百姓前来归降了大军……”看吧，又一起既有历史渊源，又有一体基础的认同顺利对接了。经过这次的对接，那些曾被称为“森林百姓”的布里亚特人、卡尔梅克人、巴尔虎人就完成了回归蒙古民族之族称的历史之路。

一次历史上规模最大的版图认同活动就这样起步了。这时，这一活动的主导者——成吉思汗和他的帝国也正在经历着政权体制的磨合。虽然，磨合过程基本上是

记载着成吉思汗出生年月的石碑 （高宏明 选自《民族画报》）

顺利的，但部件间的碰撞不时也发生着。《蒙古秘史》写道：“晃豁塔歹氏蒙力克老父有七个儿子，其居中者是通天巫阔阔出。一天，晃豁塔歹氏七兄弟抓住合撒儿拳脚相加，猛打一顿。合撒儿被打后，前来跪告成吉思汗。这时，成吉思汗正因它事而恼怒，所以没好气地说道：‘你不是英雄无敌吗？怎么败给了他们？’合撒儿委屈之极，满含热泪起身走出了成吉思汗的帐房。合撒儿怄气，一连三日未与成吉思汗见面。就在这时，通天巫前来向成吉思汗说道：‘札阿邻天神向我预示长生天旨意：一说是铁木真坐天下，再说是合撒儿坐天下。如不及早除掉合撒儿，将来之事实为难料！’”啊，这是怎样一件事情呀，一看到这里我就不由地想起日耳曼国王亨利四世与罗马教皇格雷戈里之间的一场争斗。

因为权势之争，教皇格雷戈里的代表出言侮辱了日耳曼国王亨利四世。亨利四世不甘示弱，竟针锋相对地破口大骂教皇为恶人，宣告要废掉他。于是，教皇格雷戈里就以圣彼得的代表自命，宣布废除亨利四世的同时，下令日耳曼和意大利的人民不必再以国王待他，不必再服从他的命令。这样，亨利四世的附庸和手下果然都起来叛他，一个国王的权威就这样被一扫而光了。亨利四世神情沮丧，不得已于公

合撒儿

元1077年冬日，赤着双脚，穿着香客衣服，走过阿尔卑斯山，到教皇住所赔罪求和。教皇让他在门外苦等三天三夜后，才准许他觐见谢罪。多么可怕的一幕啊，本该以灵魂与心灵为对象的宗教竟左右起了国家的政权。难道，欧洲大陆上的这一幕，在一百多年后的草原上重演？我们不知道，国师级的萨满阔阔出与帝国中坚合撒儿之间究竟发生了什么？学者们也没有研究出事情的究竟，所以我们只知阔阔出兄弟七人拳脚相加，狠狠地打了合撒儿一顿。看来，他们并没有因此而满足，还想以长生天的名义挟持成吉思汗除掉帝国的中坚合撒儿。而成吉思汗呢，被帝位旁落的恐惧驱使着轻易地被挟持了。他一听此话，趁夜出发，前去捉拿合撒儿。好在母亲诃额仑及时听到了这一消息，一场兄弟相残的悲剧才得以避免。

《蒙古秘史》写道："诃额仑母亲赶忙驾起白驼黑帐车，连夜急行，次日日出时赶到合撒儿住地一看，成吉思汗果然已将合撒儿拿下，且正捆起衣袖，去其冠带而审问。见母亲到来，成吉思汗大为惊骇，躲到了一边。诃额仑母亲怒冲冲地跳下帐车，径直走到合撒儿前，亲手解去其捆绳，又将他的冠带还给了合撒儿。诃额仑母亲怒不可遏，盘腿坐到地上掏出自己的一双乳房，用手托在两膝上，说：'看见了吗？这便是你们一同吮吸的乳房！你这自咬己肋，自噬胞衣的东西！合撒儿犯了什么罪？那时，铁木真你能吸干我一侧乳房的奶水，合赤温、斡惕赤斤二人也不能吃尽我的一只奶。而合撒儿却能独自吸干我两个乳房的奶水，从而使我胸脯得以舒坦。所以，铁木真有心力，合撒儿却有体力。合撒儿能

用其弯弓之力

使得敌人陆续来降！
用其射出之箭
使逃去者返回乞降！

"'如今，是否以为灭尽了敌人而容不下合撒儿了？'待母亲稍微气平后，成吉思汗说道：'惹得母亲如此大怒，我很惧怕，很羞愧。我这就退去！'"

一场害掉合撒儿的阴谋就这样被制止了。这是一件什么事情呢？是长生天导演的一幕闹剧吗？是成吉思汗欲除合撒儿而策划的阴谋吗？是萨满阔阔出与合撒儿个人恩怨的升级表演吗？我不否定其中的任何可能，但我更认为这是宗教势力在政权体制中的膨胀。正因为这样，事情并没有就此结束。《蒙古秘史》写道："此事过后，操着九种语言的众人纷纷聚集到了通天巫的住处。其人数，甚至超过了成吉思汗拴马桩的数量。随着聚去的人群，斡惕赤斤(成吉思汗幼弟)的属民也投奔到了通天巫的手下。斡惕赤斤那颜派莎豁儿为使，前去召回离去的属民时，通天巫不无数落地说：'斡惕赤斤大人倒是派了个大使者。'遂将莎豁儿痛打一顿后，让他背着马鞍徒步走了回

成吉思汗童年曾经生活过的区域 （高宏明 《民族画报》）

去。第二天，斡惕赤斤那颜亲自到通天巫住处，向通天巫说到：'昨天，我派莎豁儿前来，你却把他打回去了。现在，我来讨回自己的属民。''派莎豁儿为使，你做得对吗？'斡惕赤斤话音未落，晃豁塔歹氏七兄弟厉声责问着，围了上来欲要动手。斡惕赤斤见势不妙，忙赔不是：'派人不妥，我错了！''知道错了，还不跪下！'气势汹汹的晃豁塔歹七兄弟逼着斡惕赤斤面朝通天巫的后背跪了下去。"

何等猖獗的通天巫阔阔出啊，不仅公然蔑视帝国的千户制，肆意抢占他人的属民，还要向帝国的要员——成吉思汗的弟弟们大发淫威。他那狠狠砸去的拳脚不正一拳一脚地打到了帝国政权的胸膛之上！他那无端罚跪成吉思汗兄弟的淫威不正是对帝国权威的挑衅吗？对于这一点，成吉思汗的夫人孛儿帖看得很清楚。当她听到斡惕赤斤泣不成声地哭诉后，泪流满面地说道："晃豁塔歹人为何如此狂妄？前不久，围攻毒打合撒儿，今天又让斡惕赤斤面朝其背而跪！这又是为什么呢？他们在欺负你如同松柏般伟岸的弟弟们！他们今且如此，那在将来

若你白云般的身躯
随风飘去

查玛舞中的白老翁（蒙古国大使馆提供）

能让你孤寡家小
掌管这江山大业？
若你高山般的身躯
轰然倾去
定将毁掉你这
亲手建造的大业！

"……多么可怕的晃豁塔歹兄弟呀？看着他们如此欺侮你的几个弟弟，你怎能坐视不管呢？"

是啊，成吉思汗为什么坐视不管呢？是不是仍想依靠阔阔出来倾听长生天的旨意？是不是认为这位长生天的使者不必由他来管束？是不是觉得他这点狂妄不算什么！不论怎样，夫人孛儿帖的一席话终于改变了他。《蒙古秘史》写道："见此，成吉思汗对斡惕赤斤说：'通天巫一会儿就来，如何报仇，你自己看着办吧！'一听此话，斡惕赤斤拭泪而出，找来三名摔跤手做好了准备。没过多久，蒙力克老父领着七个儿子来到成吉思汗住处，通天巫径直坐到了酒局右侧的位子。'昨天，你不是让我下跪赔罪吗？现在咱们出去比试比试。'斡惕赤斤一把揪住通天巫的衣领向外拖去。通天巫也一把抓住斡惕赤斤的衣领厮打起来。厮打中，通天巫的帽子掉到了炉灶上。蒙力克老父急忙上前将帽子拾起，吻了吻放入怀中。见他们厮打不解，成吉思汗说道：'你们到外面去比试吧！'于是，斡惕赤斤猛一用力，将通天巫拖出了门槛。这时，等候在那里的摔跤手们一拥而上，'咔嚓'一声折断通天巫的腰椎，将他扔到了左侧车阵一旁。事毕，斡惕赤斤进屋说道：'昨天，他让我下跪赔罪。今天，我要跟他一比高下，可他却躺在地上赖着不起。真是个狡猾的家伙！'"一场萨满势力在帝国体制中膨胀的企图，甚至萨满巫师对帝国权威的挑衅就这样被民事的方式解决掉了。也因为这样，使我们东方的政治文化继续保持了人文精神主导的光荣传统！

啊！亨利四世的悲剧在中古草原上终于未能重演。这真是值得庆幸的一件事情。我一向以为宗教的神圣在于它的玄妙，在于它对心灵与魂灵的关怀。所以，我也无法认同有些人巧借它神圣的名义，向世俗的政治利益伸手不断的做法。让世界多一份安宁，让生活多一份宁静，不正是我们人类智慧的共同追求吗？！

蒙古国哈拉乌苏湖畔（蒙古国大使馆提供）

卷十三　远去的历史背影

把过去叫作历史，把未来称为理想，这是我们人类对时光的态度。所以，我们向往未来，也绝不忽略过去……

过去，在那个已离我们很远的岁月里，一个叫成吉思汗的人和他所缔造的蒙古民族就这样从草原的深处走过来了。他们的身后是激情崛起的铿锵脚印，他们的前面是人类历史的广阔舞台。他们将策马扬鞭奔腾而去，那么他们将走向哪里？将用他们英雄的身躯和钢铁的意志去创就怎样的奇迹？

我们没有忘记匈奴人的故事，也还记着鲜卑人的传奇。契丹人的脚印尚未彻底消失，女真人的去路仍还清晰可见。那么，这些民族接踵而去的那条路也会是蒙古人必将走去的方向吗？

解读就是我对历史的态度！

踏上必然的历史之路

自从有了《史记》这样的可靠史书后，北方游牧民族的生存活动一步步地走入了历史的文字。我们不知，走入文字之前的北方狩猎游牧人曾经经历过怎样的聚散离合，怎样的盛衰成败。虽然，那些形状各异的新旧石器和陆续出土的青铜器具不断证明着文明的进程，但它远远不能满足我们的好奇和种种的追问。然而，自从有了《史记》，有了更多关于北方狩猎游牧人生存活动的记录后，生活在久远之后的我们也能清晰地看到他们盛衰成败的历史脚步了。在生存的过程中，那些名称各异大小不同的部族人群们各自发展着、相互竞争着，进而又争吵着、抢掠着，然后又弱肉强食地征服着、兼并着，之后就出现一个雄霸草原的强大民族和他们建立的游牧帝国。再后，他们就以帝国的形式和内容完成与人类历史的交汇相融。

这是北方民族发展壮大的历史模式。从这一历史模式中第一个脱颖而出的就是匈奴人，然后是建立北魏王朝的鲜卑人，之后是大辽政权的创建者契丹人，再后就是缔造大金王朝的女真人和大元帝国的建造者蒙古人，大清帝国的建造者满族人。这些在历史的不同时期先后崛起的民族人群，在他们成为足够强大之后无一例外地策马向南越过长城，或以入住或以掌管的形式完成该民族与中原大地的无障碍对接。

那么，历史上的北方狩猎游牧人为什么一有足够的能力就要无一例外地越过长城向南发展？为什么一有足够的能力就要无一例外地谋求或完成与中原农耕大地的无障碍对接？有人习惯用“侵扰”二字描述这一历史现象。而我不能，也不愿成为某一朝代的代言者。有人认为这是游牧文化与农耕文化的必然碰撞。很学术派，但我不相信古代人能有用鲜血和生命去制造文化碰撞的雅兴。也有人说，这是游牧民族对农耕民族一次次的输血。颇为深刻的论断，但也夹杂着对这一历史的茫然与无奈。其实，我们没有必要那么狭隘，也没有必要过于时尚。因为，历史自有它不以我们而改变的规律，而其规律完全是由生存的自然需求所决定的。如果我们回头走去，走到很遥远

塔塔通嘎

耶律楚材

的那个古时代，我们就会发现在当时的那个世界上明显存在着几个重要的生存圈。这些生存圈虽然大小不同，形状各异，但都不约而同地由一个中心地域和大片的周边地带所组成。其中心地域基本分布在北纬25°到45°之间的条形地带。位于中心的这些地方气候宜人，冷热适度，既无冰天雪地的寒冷，也无台风海啸的威胁，而且光照充足，雨水丰沛，极有利于农作物的生长和丰收。对于获取生存物资乏术的周边地区来说，这个地方简直就是大地滋养的井喷区。在那个蛮荒而滋养匮乏的年代，中心区域的这种富饶的物产和丰足的生存资源只有与周边贫乏的生存物资融汇在一起，只有做到这些生存资源的共同分享，才能满足生存圈之内所有人群生存发展的需求。以这样的关系连接在一起的大地，就是天然存在的，一体相连的生存版图。而这一体相连的生存版图就该是人们祖国概念的最初形态。因有富饶的物产和丰足的生存资源，每个生存圈的中心区域就会成为周边人们竞相挤进或争取无障碍对接的永恒目标。在欧洲，古希腊就是这样一个中心区域，一部伟大的欧洲历史就是从这个中心开始书写的。非洲北部的古埃及，亚洲西部的两河流域，南亚地区的古代印度，在历史上都曾扮演过这样的角色。而在东方，在中国，黄河中下游的中原大地就是我们中华民族这块生存版图的中心区域。这块神奇的中心区域，自从尧、舜等远古先人们开发成功之后，就被称为东夷、南蛮、西戎、北狄的周边民族开始了挤进而入或实现与她无障碍对接的历史行程。于是，挤入中原，与中原大地进行无障碍对接的需求就成了我们东方各民族版图认同的心灵指向。就在这心灵指向的一次次对接中，一个伟大国家的版图就连接形成了。这就是我们依偎而生的伟大母亲——中国！

当岁月走到13世纪的时候，当那些割据的王朝们已无力完成相互间的无障碍对接时，强大起来的蒙古人就按着版图认同的心灵指向踏步上路了。《蒙古秘史》写道：“成吉思汗于羊儿年(公元1211年)发兵金国，攻下抚州，越过野狐岭(今张家口北)，直取宣德府后，派者别、古亦古捏克二勇将为先锋攻至居庸关。见有大军把守，者别说：‘引诱他们出来，然后再战！’便率军后撤。‘追！’一见者别大军后退，金兵便冲出关隘，漫山遍野地追了过来。当金兵追至宣德府附近时，者别大军掉转马头迎面冲去，打败了陆续到来的金兵。紧接着，从后面到来的成吉思汗所率主力中军乘胜而进，连续打败黑契丹、女真、主因等金兵精锐，势如破竹地杀到了居庸关下。者别

辽代壁画（陈文彦 选自《民族画报》）

顺势攻下居庸关后越过了山岭。成吉思汗则下营到龙虎台，向中都及其他各城派出了攻城大军。”蒙古人和成吉思汗就这样策马向南了。于是，中国古代史上最为壮观的版图认同活动从此开始向南发展了。对于向着中心方向发展开去的这一活动，女真人建立的大金王朝就成了第一道大障碍。其实，女真人是先于蒙古表达版图认同的北方民族，但他们成功进入中原后就成了生存资源的独享者，就成了阻止他人进入的一大障碍。可是，强大起来的蒙古人已经不可阻挡，他们在统帅成吉思汗的领导下很快越过长城，兵临到了大金国的首都——当今北京的城墙之下。

女真人开始妥协了。《蒙古秘史》写道：“当中都城正被围之时，阿勒坛罕(金国之主)之大臣完颜丞相向阿勒坛罕献言道：‘天地之命，已到大位更替的时候。蒙古来势甚猛，已破我黑契丹、女真、主因等勇猛之师，接着又攻下了我众兵固守的要塞居庸关。如今，我们虽然尚还可以发兵出战，但若再被他们击溃，兵勇必将逃进各个城中，不仅不好收集再战，还有可能不再服从我们。若阿勒坛罕恩准，我们现在就与蒙古罕议和。待蒙古军议和退去后我们再作他图。据说，蒙古兵勇及战马因极不适应我们这里的气候而烦躁不安。将美女送给他们的罕主，将金银财宝分给他们的兵勇。此计，不知他们接受与否？’阿勒坛罕采纳了完颜丞相的建言，便向成吉思汗献

历史重现——火弓箭划破夜空 （蒙古国大使馆提供）

去公主的同时，从中都城拿出了足以使蒙古兵勇力取有余的金银财宝，并派完颜丞相前去议和。”

完颜大人的这一招果真奏效了。凶猛而来的蒙古人“拿到人尽其力的财宝后，用熟绢捆在马背上驮了回来”。带着金朝美女，驮着无数的金银财宝，成吉思汗和他的军队退回他们的北方去了。那么，一场刚刚开始的版图认同活动就这样结束了吗？宫女的美色，满载的金银改变了蒙古人已经起步的历史行程吗？不是的。在那个时代，成吉思汗他们并不明白自己的这一历史角色，也不知道自己的铁血行动就是在完成对一体版图的民族认同。他们只是以蒙古帝国为利益考量点，以可见的利弊得失为出发点，与草原以南的王朝们争夺着沉浮的权利。而这纷争的背后，就是我们应该看到的那条历史的必然规律。由于可见的利弊原因，成吉思汗退回草原去了，但这个民族的历史行程不会就此止步。因为“议和”不等于无障碍对接，所以他们调整着角度仍将继续行来。这样，退回草原的成吉思汗很快又出现在攻取西夏的征途上。

西夏是中国古代史上党项羌人建立的一个重要的独立王朝。他们占据着当今宁夏、甘肃、内蒙古鄂尔多斯等临近中原的大片沃土，在独立分享生存资源的同时，又阻碍着他人的进入。并且，他们与金朝订有的军事同盟关系，使他们成了蒙古南下路上必先清除的一道障碍。《蒙古秘史》写道：“之后，成吉思汗率军征战合申(西夏)百姓。见成吉思汗挥师而至，合申国之主不儿罕前来迎降道：‘愿为君之右手为您效力！’便将名为察合的女儿献给了成吉思汗。随后，不儿罕对成吉思汗说道：‘闻成吉思汗大名我等惧怕已久。如今君威亲临，更是惊恐至极。今惊惧不已的我们唐兀惕百姓愿做您右手，为您效力。’接着，又说道，‘我们将这般效力于您：

……

我们唐兀惕举国百姓
愿将养于高草丛中的
健壮无比的众多骆驼
当作贡赋敬献于您！
愿将亲手编织而成的
花纹美丽的布匹物品
当作贡赋敬献于您！
愿将用心调教出来的
无比勇猛的狩猎之鹰
当作贡赋敬献于您！’

“不儿罕言而有信，很快征集到多如牛毛的良驼献给了成吉思汗。”西夏人并不糊涂，他们用资源分享的办法挡回蒙古人的同时，又保住了自己利益之主的地位。不

守护在大汗帐车左右的蒙古骑兵 （巴义尔 选自《民族画报》）

论是女真人，还是西夏人，他们怎能不珍视自己来之不易的历史，怎能不以种种办法应付蒙古人的利益要求呢！如果蒙古人能力有限，其冲击力又很不足，那么已经形成的资源分享格局，在已被分割成几块的中华大地上可能出现又一个割据而存的新王朝。然而蒙古人已经足够强大，资源分享机制势必不能满足他们的发展需求，所以版图的无障碍对接必将成为他们的进一步追求。

历史似乎也有些感应，一个追求升级的由头很快出现了。《蒙古秘史》说，已经议和的金国扣留了成吉思汗派往南宋的招降使。于是，成吉思汗于公元1214年再度出征金国，迫使其帝弃城出逃。至此，成吉思汗并没有回头退去，而是直接将中都城划归自己的版图，并完成了权力的接管。关于接管中都城，《蒙古秘史》记述了这样一个故事：

"成吉思汗派汪古儿司厨、阿儿孩合撒儿、失吉忽秃忽三人进城盘点中都城内金银财宝及缎匹等财物。合答闻得三人前来，便携城中金缎、纹缎出城迎接。见此，失吉忽秃忽对合答说道：'从前，这中都城和城中的一切归阿勒坛罕所有。而现在，这中都城已归成吉思汗所有。你怎么敢窃取成吉思汗的物品，随便送给他人呢？我不能接受这些东西！'从而，没有接受合答所送物品。汪古儿司厨、阿儿孩合撒儿却没有拒绝，伸手接过了送来的物品。当三人盘点好中都城中物品归来，成吉思汗问汪古儿、阿儿孩合撒儿、失吉忽秃忽三人道：'合答送了何物？'失吉忽秃忽回答道：'送来了金缎、纹缎。但我对他说，从前，这中都城和城中的一切归阿勒坛罕所有。而现在，这中都已归成吉思汗所有。他怎能窃取成吉思汗的物品，随便送给别人呢？故我没有接受。而汪古儿、阿儿孩合撒儿二人却接受了赠品。'于是，成吉思汗厉声指责汪古儿和阿儿孩二人，对失吉忽秃忽大加赞赏道：'你识得大体！不愧为我的视之明目，听之聪耳！'"

是啊，识大体的失吉忽秃忽一语说中了古代北京的归属变化。而对我们，这一变化更是说明着蒙古人的版图认同形式已经升级了！

契丹浮雕 （陈文彦 选自《民族画报》）

愤怒的足迹

东方生存圈中心与周边的无障碍对接，在蒙古人的利益诉求中就这样开始实现了。这是历史的方向，是这个自然世界的大地山川给她的住民暗暗画下的命运指向。先前的民族们循着它一一地走过去了，如今蒙古人也雄心勃勃地走下来了！可是，正当他们信心十足地推进着版图的无障碍对接时，一个使他们愤怒不已的事情发生了。

《蒙古秘史》写道："其后，成吉思汗派往撒儿塔兀勒百姓的兀忽纳等百名使者被羁杀。"在人类的中古历史上，引发一场大规模战争的恶性事件就这样发生了。研究者们说，被称为撒儿塔兀勒的这个地方，就是13世纪初在中亚地区建立起来的一个大国，史书上称它是花剌子模国。这个王国曾臣属西辽，公元1209年摆脱西辽，成为独立的王国。其疆域东至河中，西至伊拉克，北至锡尔河，南至印度，是成吉思汗蒙古帝国西部的一个强大国家。从研究者们披露的情况看，成吉思汗对这个地方没有版图的认同。他甚至觉得这个地方和他的帝国应该是友好相存的两个国家。所以，"羁杀使者"事件发生之前，成吉思汗曾给这个地方的国王摩诃末写过表示友好的信。信中说："我知道你的势力十分强大，你的国家也很广阔。我知道尊敬的国王你统治着大地上一块广袤的土地，我深深地希望与你修好……"成吉思汗的这个态度显然不同于他对森林百姓、畏兀惕百姓和西夏、金国、南宋等的招降要求。可是，花剌子模的国王亵渎了成吉思汗的这一愿望，无所顾及地制造了“羁杀使者”的事件。史家们研究说，羁杀使者的这件事在历史上叫“讹答剌惨案”，被杀死的不止是百名使者，而是成吉思汗派往该国表示友好的450人的使团和商队。

惨案就这样发生了。几百个绝对不该被杀的人就这般残忍地被杀了。那么，花剌子模国王为何这般残暴，为何这般置政权间的交往准则于不顾，肆意杀掉成吉思汗表示友好的团队呢？有的史书说，花剌子模国王“脾气暴戾，本性和作风凶残”，所以干出了这样的蠢事。也有史书说，“讹答剌惨案”的直接制造人是花剌子模国王的外戚，在对成吉思汗的商队起了贪心后，便以“间谍”诬告他们，在国王“杀死商人，没收商人财产”的命令下制造了这桩惨案。让我们和史家们看到的情况可能就是这样，然而在它的背后，在他们冒天下之大不韪的肆无忌惮背后，可能就是这个民族或这方人群壮大初期的狂躁。我们还记得，在合不勒汗时代，蒙古人成为百万之众的强大部族后所表现出的那些无所顾及；也还记得，历史上的一些民族因未能把握强壮之中的膨胀情绪，给人类世界带来的种种灾难。由此可以说，摆脱他人统治而迅速强壮起来的这方人群，正因处在狂躁期而无所顾及起来。曾经的历史已经证明，发展中的狂躁是一道洪水，如没有理智的堤坝，就只会有随心所欲地冲撞。在历史的那一天，这道洪水向成吉思汗咆哮了，以它的强大和凶悍，成吉思汗和他的蒙古帝国可能就是它的淹没区。

西夏王陵出土的人像碑座 （选自《民族画报》）

成吉思汗肯定没有历史的这份考量，但他明显地感到了来自花剌子模的威胁。尤其使他不可接受的是花剌子模对他友好心愿的蔑视和亵渎。所以，他怒愤不已，“以至无法平静下来”，“万丈怒火致使泪水夺眶而出”。于是，已进入情绪失控状态的成吉思汗就做出了“怎能让撒儿塔兀勒人断我金链绳而坐视不管呢？要报撒儿塔兀勒人杀我使者之仇”的决定。

这样，一场大规模战争的决定就在成吉思

天马行空

汗无法控制的怒愤中形成了。然而，从史料提供的种种迹象看，成吉思汗对这场战争是没有完全把握的。所以，在出征之前他不仅确定了帝位继承人，也向各个归服之邦提出了出兵同伐的要求。战争的号召强大而有力，已经完成版图对接的各地首领纷纷出兵响应。只有西夏大为另类，不仅没有出兵相助，且也说出了一句刺痛成吉思汗的话："既然力量不足，还做什么可汗？"尽管这样，成吉思汗轻重有别，留下一句"岂能让阿沙敢不如此说话？先去征讨他们，又有何难？可是，眼下我们正要出征讨伐他人，故暂可不理。如得长生天之保佑，牢握我金链绳归来后，再去与他们了断"的狠话后踏上了西征的征途。

在人类的历史上必谈不可的一场大征战——蒙古人的西征开始了。按《蒙古秘史》的说法，这场征战开始于公元1218年，结束于1225年。历时七年的这次征战是整个蒙古人西征的序幕或第一部分。在七年的艰辛征战中，成吉思汗充分发挥军事指挥的天才能力，不仅吞灭了花剌子模国，还北上扫荡了今俄罗斯、乌克兰的许多地区。一位叫志费尼的波斯史学家，在他的《世界征服者史》一书中详细记述了这场征战的残酷屠杀，流血成河的可怕情形。我没有能力，也不愿意描述这场征战的胜败细节，也不愿探讨人们在这件事情上对成吉思汗的任何评价。因为，这是怒愤对狂躁的发泄，其中的残酷无情、烧杀抢掠和毁坏无度是可想而知的。

不幸的是，花剌子模国王的狂躁不仅毁灭了自己，也连累了无辜的其他人和其他地方。被称为合申或唐兀惕百姓的西夏就是又一个重灾区。因为西征时的拒绝出兵和言语奚落，成吉思汗对西夏已怀恨在心了。西征结束后，凯旋而归的成吉思汗为那难以释怀的一句话决定征讨西夏了。《蒙古秘史》写道："住过冬天后，决定征讨唐兀惕百姓。于是，成吉思汗重新整点兵马，于狗儿年(公元1226年)秋出征唐兀惕百姓。"这一年，成吉思汗已是65岁的老人，但为了证实西夏王廷的一句狂言，他骑着兔斑赤马，率领着因征服花剌子模国而士气正旺的蒙古铁骑向西夏国扬鞭而去了。一位满怀愤怒而用兵如神的领袖，一支生性骁勇而战火锤炼的铁军，无论从哪个角度讲对西夏都是一个无法抗拒的灭顶之灾。当灾难就要发生之前，冥冥中的天神给双方创造了一个复归理性的绝佳机会。《蒙古秘史》写道："征途中，成吉思汗乘兔斑赤马，于阿儿不合一地猎野驴群。见野驴群奔腾而来，兔斑赤马受惊，成吉思汗坠地。成吉思汗浑身不适，便到搠斡儿合惕一地下营休息。宿了一夜，第二天一早，也遂夫人对大家说：'诸子、群臣们商议一下吧！可汗昨夜大烧不退，很是难受。'于是，诸子、群臣们立即聚会商议。商议间，晃豁塔歹氏脱栾参谋官说道：'唐兀惕百姓有筑好的城，有不能挪动的营地。他们不能背着筑就的城和不能挪动的营地逃走。我们还是回去养好可汗的身体后，再来与他们决战为好。'诸子、群臣都赞同脱栾的意见，便入帐奏闻成吉思汗。听罢，成吉思汗说道：'若是回去，唐兀惕人必说我们是胆怯而退！我们派使者前去。其间，我就在这搠斡儿合惕疗养着，待使者回来听其答话后再做打算为好！'"

追月 II

免于灾难的一大机会就这样出现了。成吉思汗的态度非常明确：作为无敌的王者和言而有信的老人，他需要一个态度，需要一句让他走下台阶的话。于是，成吉思汗的使者就带着这样一个历史性机会，也带着"不儿

苏尼特岩画

罕你不是曾经说过，‘要做我右手’吗？照你所说，我在征讨撒儿塔兀勒百姓时曾通知你出兵效力。可你言而无信，不仅未出一兵一卒，还出言讥讽于我！那时，因我已另有所向，所以，我将你搁在一边踏上了征讨撒儿塔兀勒的战场。得天地之佑，我已降服撒儿塔兀勒百姓。所以，今我前来与不儿罕你求证旧言”的话来到了西夏王廷。何等明确的信号啊，可是西夏国的权贵们没有抓住它，反而以“你们蒙古人以为惯战想要与我一战，那就到阿剌筛一地来吧！那里有我身居帐房的，惯以驼驮的人们。要战，就在那里厮杀！如果需要金银财宝，则到额里合牙、额里折兀二城来”的鲁莽豪迈把自己的家国与属民推入了亡国丧命的灾难之中。

厮杀的结果毫无悬念，立国一百八十九年的西夏灭亡了。关于成吉思汗攻灭西夏的这场战争，曾有许多研究和描述的文字。这些文字不仅详细记录着每场战斗的起始

苏尼特岩画

时间和结束日期，而且还记录了交战双方的兵力投入、战术计策以及政治与自然的风云变幻等等。我读过其中的几部，但过后不久其情形又模糊不清起来。而去了一趟宁夏，参观了一次

位于银川西夏王陵的反映成吉思汗攻灭西夏的塑像馆之后，这段历史就成了我立体的彩色记忆！其中的有些细节尽管有待商榷，但它让我感到了物态化效果的具体与实在。

是的，物的存在是多么真实，多么实在呀！我们的文化能不能跨出心灵的门槛，以物态的形式与它的人民共生同存呢？这是我近年来一直思考的一个问题，尤其是文化正在成为人类世界一大产业的今天。前几年，我去过一趟欧洲，到过一些名胜，看了不少古迹，也和同行人一起欣赏了人造世界的繁华与井然。回来时，大家的收获各不相同，有的是大包小包鼓鼓囊囊，有的是留念影像串串叠叠，有的是奇闻趣谈笑声一路。而我囊中羞涩，只给家人和朋友带回了一些最简单的礼物和一个颇感新鲜的悟觉。这个悟觉就是：文化的物态化形式与心灵化形式的巨大差异！站立在比利时布鲁塞尔市街头的尿童雕像原本是一段小小的故事。然而，当他由书中的小小文字变成常尿不停的可爱雕像后，就成了这座城市最具人气的景观，成了每到这里的人必去不可的地方。他所表达的信息，他所聚拢的人气，他所带来的效益对布鲁塞尔的贡献是何等的巨大呀！我越发觉得对文化的物化打造是必要的。因为物化的存在不仅极易成为产业，也会大大提升文化对心灵的影响力。如同布鲁塞尔的小小尿童，也如同宁夏银川物化呈现的成吉思汗攻灭西夏的那段历史……

苏尼特岩画

天 地 丰 碑

随着花剌子模国和西夏王朝的灭亡，成吉思汗的风云人生也走到了生命的终点站。就在东方生存圈北部游牧草原与西夏大地的版图裂缝轰然合拢的巨烈声响中，导演和指挥了这一历史壮举的成吉思汗也悄然完成了他最后一次的心跳。《蒙古秘史》写道：“因为唐兀惕不履行诺言，所以成吉思汗再次出征唐兀惕，消灭掉唐兀惕后返回来。成吉思汗于猪儿年升天。”

一个民族的缔造者，一大帝国的创建人，成吉思汗离开他深深眷恋的一切，走了。《蒙古秘史》仅以如此简约的一句话记述了注定让人追问不止的历史话题。 是的，成吉思汗果真是灭定西夏回到草原后去世的吗？他究竟去世在猪儿年的哪月哪日？他去世的具体地点又是哪里？应该说，这是惟有《蒙古秘史》才能准确记述的问题，因为它是这一历史的亲历者们写就的。然而它没有写，把本为不难的话题留给了后人，留给了未曾亲历那段历史而只能按口耳相传的信息来记写的后人们。这样，麻烦就出来了，各不相同、互不一致的记录和五花八门、真假难辨的说法就充斥了史书，充斥了我们的视听空间。

那么，成吉思汗究竟是在什么时间，什么地点离开这个世界的呢？在离开这个世界时，他又为自己的帝国与后人安排了哪些事宜？由于《蒙古秘史》的疏忽或故意不为，这个问题就成了史家们代为回答的历史命题。深谙使命分量的史家们经过长期孜孜不倦的研究，到我们这个时代时终于提出了大体一致的如下意见。那就是：于公元1227年8月25日，成吉思汗就在当今甘肃六盘山之南的清水县境内去世。去世之前，他共安排和部署了四件大事。一是确定他的三子斡歌歹(斡阔台)为帝位的继承人；二是制定了灭取金国的战略计策；三是下达了处死前来投降的西夏国王的命令；四是安排了自己的身后丧事。有些史家还说，成吉思汗对自己的去世是有预感的，说他早在1226年就做过一个噩梦，便知自命将尽。于是，着手安排了事关帝国与自己的这些大事。

成吉思汗去世的时间和地点，就这样在史家、学者们的不懈努力下一步步被确定下来了。随着这些疑谜的水落石出，一个更大更让人追问不止的疑谜又随之出现了。那就是：成吉思汗被安葬在哪里？他那不败金身究竟长眠在什么地方？今在内蒙古鄂尔多斯的成吉思汗陵是不是成吉思汗真正的陵寝？是啊，这的确是个很大的问题，

成吉思汗陵正殿的成吉思汗塑像（戴东辉 选自《民族画报》）

面具 （蒙古国大使馆提供）

与成吉思汗去世的时间、地点一样，这一问题最可信的发言人也还是《蒙古秘史》。可是它只字未提，从而将这一问题推入了成为疑谜的山间小道。事过八十多年后出现的《史集》和再后写成的《元史》，虽然根据后人的记忆尝试过补充与澄清的努力，但因提到的地方不相一致而更把这一问题引入了扑朔迷离的境地。之后就是一个接一个的追问和一个接一个的“据说”，使这一问题真正变成了永难说清的不解之谜。

七百多年过去了，成吉思汗创建的那个帝国早已灰飞烟灭，他所缔造的蒙古民族也已汇入了人类历史的滚滚潮流，只有他那金身长眠的地方依旧隐匿在岁月的背后，考验着一代代后人的智慧。各种各样的观点接二连三地被提出来了。这些观点既有古代的，也有近代和现代的；既有蒙古人的，也有汉族人和外国人的。因为不是史家和学者，更因为只是一名历史的读者，我没有资格评论古今大家们的孰是孰非，也不愿一一介绍那些眩人耳目的种种论说，更没有能力动用后世的种种说法提出任何一个新的观点。因为我们没有必要把真实的历史改变成一部人造的历史！

不过，在那些眩人耳目的种种说法中有两个截然不同而争执不休的观点值得我们去认真注意。一种是根据《元史》的写法，认为成吉思汗的葬地就在今蒙古国境内“起辇谷”之地的观点。持这一观点的学者们也已基本锁定了“起辇谷”在蒙古国的大致方位。另一种则是根据成吉思汗陵在内蒙古鄂尔多斯的现实，认为成吉思汗的陵寝只能在内蒙古的观点。两种观点针锋相对，互不相让，大有将争论进行到底的意思。争论是学者们的专利，而争论的背后则就是学者们留给我们的联想空间。是的，这个空间很大、很自由，也有学者们已经提供的尚未连接的种种站点。如果把这些站点一一连接在“成吉思汗的葬地在起辇谷”之观点和“成吉思汗的陵寝只能在内蒙古”之说法之间，我们会联想出怎样一个结果呢？以下就是我所联想到的情形：

公元1227年8月25日，成吉思汗在甘肃清水县病逝，是年66岁。去世前，跟随他参加攻灭西夏之战的儿子和部下们将一把骆驼额头上的绒毛放在他的鼻子上，吸收了成吉思汗留给人间的最后一口气，以此象征留住了他驰骋天地的灵魂。然后，儿子们和部将们遵照成吉思汗“秘不发丧，勿令敌知”的遗嘱，将他的遗体秘密护送到草原深处的后方大本营。到后方大本营后，他们发布讣告，进行举国哀悼。哀悼时，他们把吸附了成吉思汗灵魂的驼毛放进宝盒之中，与他的遗体、遗物一起，供奉在专门修建的白色大帐中，特供他的孩子们、夫人们、大臣部将们以及其他有关人员吊唁。哀悼结束后，后人们在严格的保密措施中按着蒙古祖先的传统旧制，在那个叫“起辇谷”的地方将成吉思汗的金身归还给了他所热恋的大地自然。由于，把他金身归还给了大地自然，就没有必要堆起坟包和建造陵寝，于是供奉灵魂宝盒和珍贵遗物的白色大帐就成了人们祭祀成吉思汗英灵的特定场所。

随着成吉思汗夫人们的相继去世，以这样的规制建造起来的白色宫帐渐渐多了起来，最后形成了通常所说的“八白室”。这样，这些白色的宫帐紧紧跟随蒙古帝国和元朝时代的政治中心，辗转南北，后来又随元朝的败亡回到了它原来的北方草原。之后，这个地方多遭战火洗劫，白色宫帐的守护者们就带着帐中的灵物辗转各地，最后在17世纪初时逐渐集中到了内蒙古鄂尔多斯地区。随着清朝政局的平稳，成吉思汗灵物平安落脚鄂尔多斯，同时使之生根的美丽传说也被编创起来。之后，在1938年为了挫败日本侵略者的东迁图谋，已经成为成吉思汗陵寝化身的那些白色宫帐又经历了十几年辗转甘肃、青海的避难之旅，最后于1954年在中华人民共和国中央政府的关怀下又回到了鄂尔多斯地区，并且开始得到大规模的修建、扩建和新建，终于发展成了今日这般规模宏大而旺气极盛的陵寝建筑……

这不仅是联想的结果，更是蒙古人的祖先将丧事空灵化处理的结果。如果不是这样，如果在叫“起辇谷”的那个地方建有一座冷冰冰的成吉思汗陵寝，历史的战火和盗墓者的黑手怎能让它留到今世，又怎能在内蒙古的鄂尔多斯出现这样一座凝聚着民族后人们情感心灵的陵园建筑呢？！

是啊，当古埃及的国王们一一睡到金字塔下，当古时欧洲的君主们一一走进教堂的怀抱，当中原王朝的帝王们一个个长眠在国土上的风水宝地时，成吉思汗却以空灵飘逸的形式活在后人的心中，活在美酒和奶茶酿成的故事之中……

安宁之音 （蒙古国大使馆提供）

远去的历史背影

用心倾听着蒙古祖先们从历史深处蹒跚走来的脚步声，我把该作写到了成吉思汗时代的结束。应该说，这是我的站点，是我观察和思考我们蒙古这一民族历史之路的时间站点。对于这个站点以前的事情，我是迎上前去，匍匐而行，顺藤摸瓜地把蒙古人悲壮激情的历史征程解读到了成吉思汗时代的终端。现在，我要转身了，要完成虽不利落，但又必须的向后转了。因为，我们从这个民族平常生活的千头万绪中，紧紧盯住促使他发展演进的心跳脉搏，清晰地看到了他顺着历史之路激情走来的身影。如今他策马扬鞭，群情激昂地呼啸着越过这个时间站点疾行前去了。所以，我必须转过身来，望着他渐渐远去的背影写完这部作品的最后一段文字。

我们都知道，历史是人民创造的。人民是在一个个引领者和他所建造的权力体制下完成其创造历史之使命的。这样，引领者的智慧和他那本有的能力就会变成推动或延缓历史进程的关键因素。蒙古人的历史也毫不例外，那些创造了历史的古时男女、父老先人们，在一代代首领的管带下经历了从猎人到牧民，从弱小到强壮的变化。之后，从合不勒汗时代起，他们就被带入了一条恨仇追逐的长路，拼杀着、败落着，伤痕累累地走到了铁木真时代。接着，铁木真经历了这个民族最为凄惨的岁月之后，将他带入了涅槃重生的成吉思汗时代。

对于蒙古人和他的历史来说，成吉思汗是说不完的故事，唱不完的歌。对我和我的这本书更是这样。可是，现在他已经走了，留下一个强大的帝国和无限的荣耀匆匆地走了。那么，他的后人们，那些帝位王位的继承者们能否守住成吉思汗创下的江山大业？能否继续这个民族进行正酣的历史行程？能否实现东方生存圈中心区域与周边地带完全的无障碍对接？从成吉思汗的手中接过帝国大权的第一人就是他的三子斡歌歹。斡歌歹是成吉思汗亲自选定的接班人，为人诚实厚道，嗜酒也爱色。他在位十三年，基本是在成吉思汗影子的陪伴下完成他朝政使命的。在他看来应该做和必须做的就是成吉思汗做过，但没有做完的那些事情。于是，登基不久，斡歌歹就以“去完成先父未竟的征服金国阿勒坛罕的大业”为使命，亲率大军南下作战，终于在公元1234年基本按成吉思汗临终战略攻灭金国，彻底实现了蒙古草原与中原大地的无障碍对接。

忠诚是我们人类永恒需要的美德，但不加思索的忠诚有时也会做出大可不必的壮举。由于成吉思汗为报使者被杀之仇，愤怒地讨伐过花剌子模等国，斡歌歹就认为这又是他应该做好的另一件大事。于是，灭完金国后，他立即掉转马头，以“完成先父成吉思汗未竟的征服巴黑塔惕百姓之业”为名，未加任何思考地派出了震惊世界的

苏赫巴托尔广场上的成吉思汗塑像 （高宏明 选自《民族画报》）

成吉思汗的长子拙赤

成吉思汗的次子察阿台

成吉思汗的三子斡歌歹

长子西征军。长子西征，战果辉煌，不仅占取了横跨欧亚的大片土地，也直接催生了四大汗国的出现。但斡歌歹怎么也不会想到，他的这一举动并非是绝对必须的。因为成吉思汗大仇已报，所以，没有必要再去拓展愤怒而去的征战之路。可是，不加思索的忠诚使他安然地这样做了。致使向西绵延的这条路变成了消耗蒙古民族元气能量的巨大缺口，不仅延缓了本该有的版图对接进程，也最终使大量的西去之人淹没到了异国他族的人海之中，最后连民族的称呼都未能保留住！

然而，事情就那样发生了，成吉思汗和蒙古人也由此成了征服世界的大英雄。这就是斡歌歹不加思索的忠诚带给蒙古民族的荣耀和不幸。之后，斡歌歹时代就结束了，在结束自己的时代时，斡歌歹检讨自己说："自罕父之后，我做了四件益事，又犯了四项过错！"他提到的第一件益事就是灭取金国，而西征没有被他列入功过之内……

随着斡歌歹时代的结束，成吉思汗对这个帝国的影响也渐渐淡去，一场权力循环过程中的必然争斗在帝国的核心家族里开演了。斡歌歹在世时虽然选定过权力的接班人，但他过世后这个金光闪闪的接力棒并没有传到他所选定的接班人手里，却被他的皇后乃马真从中接了过去。这样，成吉思汗始建的这个帝国就进入了派系互争，频频换帝，各主大政三五年的权力争夺时期。这个时期持续二十多年，共有乃马真、贵由、蒙哥、海迷失等人放牧过帝国的权力，最后由忽必烈胜过其弟阿里不哥夺取大位而告一段落。权力争夺是古代帝国保持生机的独特景观，争夺越是激烈，越是复杂，越能体现取胜者的强大与超凡。这样，帝国的命运才能得以强势延续，其事业也才能得以巩固和发展。忽必烈就是从这一暗规则中脱颖而出的强大超凡的帝王。忽必烈于公元1260年3月登基，成为蒙元帝国历史上的第五位大可汗。登基之前，他在帝国事务中的分工是主持处理中原及以南地区的军政之事，公元1258年，开始统帅帝国东路大军主持攻灭宋朝的战争。忽必烈登基时，成吉思汗创建的这个帝国已经走过了半个多世纪的风雨历程，其国体已从当初的游牧草原小国壮大成了拥有四大宗藩国和东方生存圈绝大部分地域的庞大帝国。这时，目的莫名而难有结果的西征已趋结束，消耗内力与元气的帝位之争也已尘埃落定，帝国的政治、经济、军事和最终的存在形态等已经进入了进一步审视和规划的阶段。

忽必烈没有辜负历史赋予他的责任与使命。他按着北方民族历史行程的必然方向，将帝国形体的灵魂——政治中心逐步向南迁移，最后于公元1264年迁到当今的北京城，并把国号改为大元。之后，攻灭南宋之事就成为大元帝国的根本追求，于是终于于公元1279年结束了南宋王朝的历史存在。这样，一个被大小王朝割据已久的中华版图，一个被人造的裂缝分割已久的东方大地，在为他子民的一个民族的铿锵有力的历史行程中终于实现了完全的无障碍对接。这样，这块生存版图就以山连山，水连水，一体统一的形态出现在人类世界的面前。也这样，一个叫蒙古的，向着吉祥，向着希望迁徙不休的民族，经过几百年的坎坷曲折和浴血努力，终于也完成了与人类世界交汇相融的历史行程……

历史的脚步，自然而匆匆，随着他的脚步，忽必烈走了，之后的帝王们也走了，风光无限的大元帝国也随之走了，留给我们一个时隐时现的背影和许多讲不完的故事永远地走了。让我们目送他们吧，目送他们曾经的豪迈，曾经的辛劳，曾经的高贵，曾经的沮丧和曾经做过的对事儿、错事儿、好事儿、坏事儿及其一切一切……

长生天的呼唤

后 记

后记的功能可能是多样的，但我在这里只借用其中的两样，既：一是表达谢意；二是说明一点情况。

感谢是我不由自己的，谁也没要我感谢一下。但我的作品能够变成这样一部可看的图书，有几个人是让我感动不已的。首先是内蒙古作家协会，他们支持我，鼓励我，开先河性地为我举办了作品使用权出让信息发布会。主席阿尔泰不顾病弱的身体，只用一天两夜的时间细细审阅作品，又给了我热血涌动的评价。接着就是著名批评家李悦老师。他可是个大忙人，不仅承担着《北方新报》“李悦批评”栏目和电视台的主讲，而且也是老少作家竞相找往求其批评的对象。可他没有因此推托，非常友好地成了我作品的第一书前读者。不仅给了理论化的评价，也倾注了贴心的关爱。还有《北方新报》草原读书月活动组织者周长翔等媒体的朋友们，在作品还没有出版之前让我和读者进行了广泛的接触。

作品的图书化成果就要和读者见面了。文字是我写的，但使其美观、灵秀的那一幅幅说着话的图片是思沁先生和他的夫人哈斯老师提供的，他们夫妻二人是我们都很敬重的大画家。当我谨慎地说出想用他《蒙古秘史》组画时，他不仅没有片刻的考虑，还给我画了我们蒙古族大文豪尹湛纳希的头像，同时又给我写了寓意深远的字帖。画家萨纳巴特尔老师是我相识不久的长者，一听我的话意便连连表示同意，并说这是一件有意义的事情。著名画家乌日切夫，著名摄影家额博、孔群都是我的好友，一听我的意图便说：“帮这个忙是必须的，那些作品就当你的作品选用吧！”沙力先生是很有成就的摄影家，虽然我们相识不久，但一听我的请求毫不迟疑地把作品送到了我的办公室。已故摄影家孟和那顺是游牧文化的影像守望者，他留下了内容全面的游牧生活摄影作品。其作品的整理者和管理者哈达奇·刚是我尊敬的大哥，他一听我想用一些图片时深情地说：“逝者也会欣然同意的！”还要感谢《民族画报》社的巴义尔、鹰鸽同志提供了图片资料和部分翻译支持。

老师们，朋友们如此地支持我，帮助我，并不是因为我，而是为了一个民族文化内容的生动与美丽。是啊，这也正是我的初衷！

历史的可信取决于史料的可信。说蒙古人的由来历史，如果离开《蒙古秘史》，那都会成为一堆瞎诌。《蒙古秘史》是13世纪的蒙古人留给我们最珍贵、最可信的历史记录。所以，在引用时，我是直接从蒙古文版本上按需译下来的。我想，这是既对自己的负责，也是对历史的负责吧。

因学养有限，谬误是难免的。衷心希望批评指正！

特·官布扎布

2010年3月

图书在版编目（CIP）数据

蒙古密码 / 特·官布扎布著. -- 北京 ：中国民族摄影艺术出版社，2010.3

ISBN 978-7-5122-0026-5

Ⅰ. ①蒙… Ⅱ. ①特… Ⅲ. ①散文－作品集－中国－当代 Ⅳ. ①I267

中国版本图书馆CIP数据核字(2010)第048616号

蒙古密码

作　　者：特·官布扎布
责任编辑：李雅然　殷德俭
装帧设计：王　巍

出　　版：中国民族摄影艺术出版社
地　　址：北京市东城区和平里北街14号（邮编100013）
网　　址：www.chinamzsy.com
印　　制：北京杰诚雅创文化传播有限公司
版　　次：2010年8月第1版
印　　次：2010年8月第1次印刷
开　　本：787毫米×1092毫米　1/16
印　　张：18
印　　数：1－10000
书　　号：ISBN 978-7-5122-0026-5
定　　价：29.00元